들었는가,
보았는가,
계시록
말씀을(2)

# 들었는가,
# 보았는가,
## 계시록
# 말씀을(2)

**펴낸날**    2022년 6월 17일

**지 은 이**    장문자
**펴 낸 이**    이기성
**편집팀장**    이윤숙
**기획편집**    이지희, 윤가영, 서해주
**표지디자인** 이지희
**책임마케팅** 강보현, 김성욱
**펴 낸 곳**    도서출판 생각나눔
**출판등록**    제 2018-000288호
**주    소**    서울 잔다리로7안길 22, 태성빌딩 3층
**전    화**    02-325-5100
**팩    스**    02-325-5101
**홈페이지**    www.생각나눔.kr
**이 메 일**    bookmain@think-book.com

"성경을 보는 지혜의 눈이 열려 믿음의 자녀들이 되어라."

# 들었는가,
# 보았는가,
## 계시록
## 말씀을(2)

장문자 지음

생각나눔

# 머리말

'들었는가, 보았는가, 계시록 말씀을.'

이 책을 내게 된 것은 하나님의 뜻입니다. 하나님께 감사와 영광을 올려 드립니다.

2014년 2월부터 천지창조와 계시록 말씀 전 권을 열어 주셨습니다.

이 기간을 돌아보면 그때마다 거의 철야를 하게 하시며 말씀을 여셨습니다.

너무 엄청난 말씀을 받고 대단히 혼란스러웠고, 혹시 내가 잘못된 건 아닐까 의심도 하고 걱정도 하고 물리치는 기도도 했습니다.

왜 저 같은 종에게 이 엄청난 말씀을 열어 주시는지 의아했습니다.

저는 의심이 많아서 확신이 서지 않으면 움직이지 않는 사람입니다. 오죽하면 주님이 "넌 도마야."라고 말씀하셨을 정도입니다.

주님은 믿지 못하는 저에게 저와 같은 말씀을 받은 두 분 목사님을 만나게 해 주셨습니다.

관절염으로 고생하던 제게 시골에 있는 의원에 가서 치료받게 하셨습니다. 자차로 3시간 가까이 걸리는 산속 작은 의원을 소개받았고, 조용히 진료받는 제게 불쑥 창조론을 꺼내실 때 깜짝 놀랐습니다.

저에게 주신 말씀을 이 원장 목사님도 받으셨구나, 내가 잘못 받은 게 아니구나, 확신을 심어 주시려고 나를 이곳에 보내셨구나 하는 것을 깨닫게 되었습니다.

그 후에 또 반신반의했던 저는 '다시 한 번 확신을 주세요.' 기드온처럼 기도드렸습니다. 그러자 오래전부터 알고 지낸 일본에 계신 선교사님을 통해 이번엔 계시록 말씀을 들을 수 있었을 때 친분이 있는 터라 많이도 물었습니다.

내가 잘못된 것이 아니라 하나님이 주셨다는 확신이 들었습니다.

그다음부터는 의심하지 않았습니다.

이미 주신 말씀들을 정리해 갈 때 더 깊게 열어주시는 말씀들을 정신없이 노트북에 받아 적기 시작했습니다.

기록한 후엔 이 말씀이 맞는지 주석, 여러 성경, 인터넷, 관련된 서적, 주신 말씀과 관련 있는 과학적 근거까지 샅샅이 훑기 시작했습니다.

나 혼자만 알라고 주신 말씀이 아닌 걸 알았습니다.

가슴이 터질 것 같아 전하지 않을 수 없었습니다.

2015년 교회에서 성도님들에게 전하려 할 때 어떻게 이 충격을 받아들일 것인가 고민도 많이 했습니다.

이때 강대상 밑에서 기도 중에 주님의 음성이 들렸습니다.

"나의 말은 어려운 게 아니다. 어려우면 누가 믿고 천국에 올 수 있겠느냐? 쉽게 풀어 주겠다." 그러시면서 "성경을 보는 지혜의 눈이 열려 믿음의 자녀들이 되어라." 이 말씀을 주셨을 때 날아갈 것

같았습니다.

용기를 냈습니다.

성도님들에게 전했을 때 처음엔 이해가 되지 않아서 눈이 휘둥그레졌지만, 계속 성경 말씀을 찾아보고 그동안 알고 있는 성경 지식을 대입해 보면서 말씀을 되새김질하고 또 하고, 질문하고 답하면서 나중에 엄청난 말씀들을 받아먹기 시작했던 것을 기억합니다.

그러면서 성도님들도 이해하기 어려운 말씀을 스스로 되새김질하면서 이해가 되고, 깨닫고 믿게 되기까진 꽤 시간이 걸렸습니다.

작년 2020년에 다시 한 번 말씀을 전했습니다.

새로운 성도님들도 계셨고, 들었던 성도님들도 한 번 더 듣고 싶다는 의견이 있었습니다.

외람되지만, 제가 은퇴하면 우리 성도님들이 계시록 말씀을 들을 기회가 없지 않을까, 점점 종말로 치닫고 있는데 그때 한 말씀이라도 생각이 난다면 믿음을 지키는 데 도움이 되지 않을까 해서 다시 전했습니다.


전 2021년 교회 사역을 은퇴했습니다.

제가 할 사명 다 끝났다고 생각했는데, 주님의 말씀을 다시 듣습니다.

"너에게 알려준 말씀을 세상의 내 자녀들에게 전하라. 주님 오실 때를 대비하게 하라." 참 많이도 망설이다 1년이란 기간 동안 설교

원고를 책 원고로 정리하고, 순종하는 마음으로 출판사 문을 두드렸습니다.

이 책을 쓰는 사명을 제게 주신 하나님께 감사드립니다.

끝까지 사명 감당하길 기도하면서 두 분 목사님과 물심양면으로 도움을 주신 성도님들과 기도해 주신 목사님들께 고마움을 전합니다.


이제까지 알고 있던 성경 말씀을 뒤집어엎는 말씀들이 많을 겁니다.

잘못된 책이다, 이단이다, 미리 판단하지 마시고, 저와 우리 교회 성도님들이 그랬던 것처럼 차근차근 성경 말씀을 찾아가며 비교해 보시고 하나님의 음성을 듣기를 바랍니다.

요즘 점점 주님의 다그치심을 듣습니다. 아무것도 모르는 우리는 급할 게 없는데 주님은 몹시도 조급해 하십니다.

그만큼 주님 오실 때가 임박하다는 것을 알려 주시니 무지한 저까지 덩달아 마음이 급해집니다.

깨어납시다. 잠잘 때가 아닙니다. 일어나 등불을 밝히십시다.

이 책을 보시면서 지금이 어느 때인지, 내 믿음은 어느 수준인지 점검해서 예수님 재림하실 때 준비된 자가 되시길 원합니다.

이 책을 읽는 분들 모두 들림 받기를 예수 이름으로 기도합니다.

장문자

# 목차

# 10

성전이 열림, 여자와 용, 하늘전쟁, 보호처

## ** 후 3년 반(일곱째 나팔: 셋째 화 시대)

# A. 하나님의 성전이 열림

* 계11:14-19: "둘째 화는 지나갔으나 보라 셋째화가 속히 이르는도다, 일곱째 천사가 나팔을 불매 하늘에 큰 음성이 나서 이르되, 세상 나라가 우리 주와 그의 그리스도의 나라가 되어 그가 세세토록 왕노릇 하시리로다 하니, 하나님 앞에서 자기 보좌에 앉아 있던 이십사 장로가 엎드려 얼굴을 땅에 대고 하나님께 경배하여, 이르되 감사하옵나니 옛적에도 계셨고 지금도 계신 주 하나님 곧 전능하신이여 친히 큰 권능을 잡으시고 왕노릇 하시도다, 이방들이 분노하매 주의 진노가 내려 죽은 자를 심판하시며 종 선지자들과 성도들과 또 작은 자든지 큰 자든지 주의 이름을 경외하는 자들에게 상주시며 또 땅을 망하게 하는 자들을 멸망시키실 때로소이다 하더라, 이에 하늘에 있는 하나님의 성전이 열리니 성전 안에 하나님의 언약궤가 보이며 또 번개와 음성들과 우레와 지진과 큰 우박이 있더라"

① 하늘에 있는 하나님의 성전이 열린다

  언약궤는 하나님의 법, 십계명을 보관하는 궤, 상자를 말한다. 언약궤 안에는 언약, 즉 하나님의 약속의 말씀을 보관한 관인데 사람이 지켜야 할 약속, 십계명이 들어 있다.

  성전은 언약궤가 보일 만큼 열린 적이 없었다. 특히, 하늘에 있는 성전의 언약궤가 보인다는 것은 닫혀 있던 지성소가 활짝 열린다는 뜻이다.

하나님의 언약의 말씀이 다 이루어질 마지막 때임을 말씀한다.


② **일곱째 천사가 나팔을 불자 이십사 장로들이 하나님께 경배한다**

이 셋째 화 때는 후 3년 반 시대다.

이십사 장로들은 주를 경외하는 자에게는 상을, 땅을 망하게 하는 자에게는 멸망시킬 때라 말하며 구원과 심판이 약속대로 이루어짐을 하나님께 경배 드린다.

이때는 인 맞은 성도들은 모두 공중으로 들림 받은 후다.

다만, 예수 믿는 자 중에서는 십사만 사천과 순교자, 그리고 인 맞지 못해 들림 받지 못한 자들이 남아 있다.

물론 믿지 않는 자들은 당연히 남아 있다.

십사만 사천과 순교자는 사명 때문에 남아 있는 자들이지만 예수를 믿었음에도 인 맞지 못해 남은 자들은 참담할 것이다.


③ **번개와 음성들과 우레와 지진과 큰 우박이 있더라**

하나님의 진노하심이 큰 재앙으로 임할 것을 말씀하신다.

하나님은 공의의 하나님이시다. 때문에 죄악에 대해서는 반드시 심판을 내리신다. 이때가 온 것이다.

바로 대환난 중 후 3년 반이 도래한 것이다.

# B. 여자와 용

## 1) 크고 붉은 용은 사탄, 마귀이다

### ① 사탄은 전 3년 반에 무저갱에서 나왔어도 모습을 드러내지 않았는데 드디어 후 3년 반에 모습을 드러낸다

* 계12:1-5: "하늘에 큰 이적이 보이니 해를 옷 입은 한 여자가 있는데 그 발아래에는 달이 있고 그 머리에는 열두 별의 관을 썼더라, 이 여자가 아이를 배어 해산하게 되매 아파서 애를 쓰며 부르짖더라, 하늘에 또 다른 이적이 보이니 보라 한 큰 붉은 용이 있어 머리가 일곱이요 뿔이 열이라 그 여러 머리에 일곱 왕관이 있는데, 그 꼬리가 하늘의 별 삼분의 일을 끌어다가 땅에 던지더라 용이 해산하려는 여자 앞에서 그가 해산하면 그 아이를 삼키고자 하더니, 여자가 아들을 낳으니 이는 장차 철장으로 만국을 다스릴 남자라 그 아이를 하나님 앞과 그 보좌 앞으로 올려가더라"

머리는 우두머리를 말하는데 몸통 하나에 머리가 일곱 개이고, 머리마다 하나씩 일곱 왕관을 썼다. 열 뿔은 세력을 말한다.

사탄이 완전한 세력을 가지고 후 3년 반에는 전무후무한 힘을 발휘할 것임을 뜻한다.

꼬리는 힘이다. 꼬리로 하늘의 별 1/3을 땅에 던질 만큼 강한 힘을 가졌다는 것은 마귀가 땅의 권세로 세상 모든 세력을 장악할 것이라는 의미다. 이 땅에 사는 사람들은 사탄의 손아귀에 들어간다.

## ② 사탄의 이름

옛 뱀(아담과 하와를 죄짓게 만든 자), 뱀, 용, 루시퍼, 사탄, 마귀, 천하를 꾀는 자, 여러 가지 이름을 가진 자가 사탄이다.

사탄은 후 3년 반 때 크고 붉은 용의 모습으로 나타나는데, 이는 사납고 잔인하고 파괴적인 것을 의미한다.

붉다는 것은 생명, 피를 상징한다. 수많은 영혼을 삼켰다는 의미다.

붉은 용이 나타난 이유는 여자에게서 태어나는 아기를 죽이려고 미리 기다리고 있는 것이다(헤롯처럼).

때문에 사탄의 마지막 목표는 예수 믿는 자를 구원받지 못하게 막고 드라큘라처럼 피를 빨아 지옥으로 끌고 가려는 것이다.

17장에 사탄이 큰 음녀로 나오는데 이때 피에 취해 있는 모습을 볼 수 있다.

* 계17:6: "또 내가 보매 이 여자가 성도들의 피와 예수의 증인들의 피에 취한지라 내가 그 여자를 보고 놀랍게 여기고 크게 놀랍게 여기니"

아담 때부터 종말 때까지 수많은 사람의 피와 대환난 때 예수를 부인하는 배교자들의 피와 순교자들의 피에 얼마나 흠뻑 취해 있을까? 그만큼 생명을 삼킨 자라는 의미다.

## 2) 여자는 누구인가

### ① 후 3년 반 때 여자는 교회가 아니라 성도로 봐야 한다

이때 여자를 교회라 볼 수 없는 이유는 참 진리를 전하는 교회는 교회 자체로 남아 있지 못하기 때문이다.

교회 건물 자체는 이미 파괴되었고, 남아 있다면 교회 구실을 못하는 교회, 사탄에게 굴복한 교회일 뿐이다.

따라서 교회가 교회 역할을 못 하고 세상과 만물에 굴복한다.

진리 아래가 아니라 세상 아래에 교회가 있기 때문이다.

다만, 사탄에게 굴복하지 않은 성도가 더러 있을 뿐이다. 여자라 말씀하신 성도는 전 3년 반을 지나면서 지칠 대로 지쳐 있다. 왜냐하면, 가뭄, 기근, 지진, 화산, 전쟁, 내란, 자연재해로 지쳐있기 때문이다.

영적으로는 들림 받지 못한 박탈감과 후회, 타락한 종에게 속은 억울함, 믿는 자 핍박, 영생의 말씀을 찾아 헤매다 지침, 순교하는 모습을 눈으로 보거나 소식을 듣고 충격을 받는다.

말씀을 모르는 자는 몰라서, 말씀을 아는 자는 알면서도 삶이 고달파서 또는 절망해서 사탄에게 항복하고 영원한 죽음을 선택한 자들이 수도 없이 많지만, 이들 중에는 세상을 이기고 말씀에 우뚝 선 자들이 있다. 후 3년 반에 성도의 고통은 죽음과 맞바꾼 고통이다.

* 계12:4: "그 꼬리가 하늘의 별 삼분의 일을 끌어다가 땅에 던지더라 용이 해산하려는 여자 앞에서 그가 해산하면 그 아이를 삼키고자 하더니"

우여곡절 끝에 간신히 해산하려는데 용이 하늘의 별 1/3을 끌어다가 땅에 던진다. 해산하는 아이를 삼키려고 사탄이 그의 사자들을 전부 땅으로 끌어내린 것이다. 사탄의 사자들이 여자가 해산할 때만 눈 빠지게 기다리고 있는데 얼마나 두렵고 무섭겠는가?

## ② 여자가 생명을 출산했다. 아들을 낳았다

* 계12:5: "여자가 아들을 낳으니 이는 장차 철장으로 만국을 다스릴 남자라 그 아이를 하나님 앞과 그 보좌 앞으로 올려가더라"

아들을 예수 그리스도라 알고 있는 분들이 있는데, 그럼 마리아처럼 예수 그리스도를 낳았단 말인가? 말씀을 정독해 보면 다른 말씀이란 것을 알 수 있을 것이다.

그럼 여자가 잉태하고 출산한 아들은 누굴까? 이 말씀은 여자가 사람인 육의 아들을 출산했다는 뜻일까를 생각해 봐야 한다.

여자는 남아 있는 성도, 휴거되지 못했지만, 그 후 두 증인의 말씀을 듣고 회개하며 자신을 깨끗게 한 자들이다.

이들이 정말 아들을 출산했을까? 해산한 아들은 사람이 아니다. 생명이다. 영생할 수 있는 믿음, 사탄과 싸워 이긴 생명을 낳은 것이다.

## ❖ 믿음은 육의 눈으로 볼 수 없는 영의 문제이다.

영의 일은 영이 더 잘 안다. 사탄은 영체이기에 누가 믿음을 잉태하고 누가 곧 믿음을 출산할 것인지를 잘 안다.

믿음을 출산해야 보호처로 들어갈 수 있다.

때문에 여자로 표현되는 성도가 양육 장소로 들어가지 못하도록 수단과 방법을 가리지 않고 방해하고 죽이려 하는 것은 믿음을 죽이면 다시 말해 생명을 출산하지 못하게 막으면 하나님 보좌 생명록에 이름이 올라가지 못하고 결국 그는 지옥 백성이 되기 때문이다.

때문에 성도를 고통 속에 몰아넣고 그가 가진 믿음을 해산하지 못하도록 사탄이 직접 방해하는 것이다.

성도는 생명을 지키기 위해 안간힘을 썼으며, 드디어 죽을힘을 다해 믿음을 출산하고 영생을 기다리는 천국 백성이다.

교회의 머리이신 예수 그리스도께서 주시는 생명을 잉태하고 출산한 것이다. 온갖 수단과 방법을 동원한 사탄의 권세 앞에서도 이 성도는 굽히지 않고 믿음을 잉태하고 영생할 수 있는 생명을 낳았다.

다시 말해 여자가 아들을 임신하고 출산한다는 것은 성도가 핍박과 고난 중에서도 믿음을 버리지 않고 예수 그리스도를 끝까지 믿어서 승리한 자이다.

후 3년 반에는 이렇게 믿음을 지키는 자가 간혹 있을 뿐이다.

### ③ 여자의 모습

해를 옷 입고, 달이 발아래에 있고, 머리엔 열두 별의 관을 썼다.

해는 진리, 즉 하나님의 말씀을 말하고, 달은 세상 만물, 머리에 열두 별의 관은 승리자가 쓰는 면류관이다.

이 여자는 세상 만물을 이기고 진리의 말씀으로 옷 입고 면류관을 쓴 승리자이다.

죽음 앞에서도 믿음에 홀로 선 자이다. 인 맞을 믿음이 못 돼서 남아 있던 자 중에 정신 차리고 죽으면 죽으리라 예수를 믿는 자들이다.

### ④ 승리했다

성도는 하나님의 말씀인 진리로 무장하고 만물을 발아래에 두었다.

결국, 세상과 사탄에 굴복하지 않고 승리했음을 말한다.

그는 교회의 머리이신 예수 그리스도의 생명의 빛을 받아 들림 받은 성도들처럼 되고자 죽으면 죽으리라 인내했기 때문에 승리했다.

그는 이제 세상 만물을 초월한 믿음 세계에 들어갔다.

이것이 믿음을 잉태하고 생명을 출산한 것이다. 생명을 낳았으니 사는 것이다.

세상을 이길 자는 오직 예수를 품고 믿음의 열매를 맺은 성도뿐이다.

사탄이 죽이려고 하는 그곳에서 드디어 이들의 믿음이 하나님

보좌 앞으로 올라간다. 다시 말해 믿음으로 생명을 낳았으니 하나님 보좌에 놓여 있는 생명록에 이름이 올라가는 것이다.

생명록에는 산 자만이 기록되어 있다. 이제 이 성도는 죽지 않고 천년왕국에 들어갈 수 있는 것이다. 이들은 천국 백성이다.

천국 백성이 되었으니 이제부터 하나님이 보호하신다. 할렐루야!

## ⑤ 하나님께서 예비하신 광야가 있더라

* 계12:6: "그 여자가 광야로 도망하매 거기서 천이백육십일 동안 그를 양육하기 위하여 하나님께서 예비하신 곳이 있더라"

승리자의 이름이 늦게라도 생명록에 올라갔다. 하지만 인치심을 받은 자들은 이미 휴거된 후다. 이들은 공중으로 올라가지 못하고 이 세상에서 육으로 살고 있는 천국 백성이다.

더 이상 버틸 수 없다. 왜냐하면, 후 3년 반 시대이기 때문이다.

하나님은 이들을 위해 예비해 두신 곳으로 인도하신다.

천년왕국에 들어갈 믿음을 늦게나마 준비할 성도들이 머물 곳, 그곳은 광야다.

하나님은 여자(성도)가 천년왕국에 들어갈 수 있도록 예비하신 광야로 도망시켜 후 3년 반, 1,260일을 이곳에서 양육하신다.

### 3) 휴거되는 성도들은 막지 못했으면서 왜 광야로 갈 믿음 약한 성도들은 막을까? 몇 가지 이유가 있다

#### ① 들림 받은 자들은 하나님이 직접 인을 치셨기 때문이다

사탄은 각 성도에게 맞춤형 방해를 수도 없이 했지만, 이들은 예수 이름으로 승리했다.

사탄은 하나님이 하시는 일을 방해할 순 있어도 막을 수는 없다.

승리한 성도들에게 하나님은 내 것이란 인을 치셨고, 인친 자는 사탄이라 할지라도 어쩔 수 없는 것이다.


#### ② 인을 치실 때 사탄은 무저갱에 갇혀 있었기 때문이다

성도에게 인을 치시는 것과 휴거되는 것을 보고 있을 수밖에 없었지만, 광야로 갈 자들은 다르다.

사탄이 무저갱에서 나와 활동할 때이다.


#### ③ 이번까지 막지 못하면 천국 백성 중에서는 지옥 백성 만들 자가 없기 때문이다

사탄의 입장에서 보면 지옥 백성 하나 더 만드는 것이 뭐 그리 대술까 싶지만, 마지막 자존심이 걸려 있는 것이다.

어떻게 해서든 어디까지 따라가서라도 하나님의 백성 될 성도를 지옥 백성 만들려는 마지막 발악이다.

때문에 기를 쓰고 막는 것이다. 오죽하면 하늘전쟁이 일어날까?

이기는 자는 구원하신다.

하나님은 끝까지 믿음을 지킨 성도를 버리지 않고 추수하신다.

한 생명까지도 찾아내신다.

그 한 생명이 내가 될지 어찌 알겠는가? 끝까지 포기하지 맙시다.

# C. 하늘전쟁

## 1) 미가엘과 사탄과의 전쟁이 일어난다

### ① 사탄이 하늘전쟁에서 지고 그의 사자들과 함께 땅으로 내쫓긴다

* 계12:7-9: "하늘에 전쟁이 있으니 미가엘과 그의 사자들이 용과 더불어 싸울새 용과 그의 사자들도 싸우나, 이기지 못하여 다시 하늘에서 그들이 있을 곳을 얻지 못한지라, 큰 용이 내 쫓기니 옛뱀 곧 마귀라고도 하고 사탄이라고도 하며 온 천하를 꾀는 자라 그가 땅으로 내 쫓기니 그의 사자들도 그와 함께 내 쫓기니라"

광야로 도망가는 성도까지 막아서는 사탄을 보시고 하나님은 전무후무한 하늘 전쟁을 결정하신다.

세상전쟁도 한 번 일어나면 재산피해, 인명피해가 극심하고 폐허가 되는데 하늘전쟁은 말해 무엇하겠는가?

군대 장관인 미가엘과 그의 사자들과 사탄인 용과 사탄의 사자들이 공중에서 전쟁을 한다.

그러나 답이 나와 있는 영적 전쟁이다. 미가엘이 이긴다.

진 자는 쫓겨나고 망하게 돼 있다.

천지창조 이전부터 공중에 보좌를 두고 있던 사탄 일행은 후 3년 반 때 둘째 하늘, 즉 공중 그들의 본거지에서도 쫓겨났다.

갈 곳은 세상 사람이 사는 이 땅이다.

## ② 수천 년을 하루같이 하나님 앞에서 참소하던 자가 쫓겨났다

* 계12:10-12: "내가 또 들으니 하늘에 큰 음성이 있어 이르되 이제 우리 하나님의 구원과 능력과 나라와 또 그의 그리스도의 권세가 나타났으니 우리 형제들을 참소하던 자 곧 우리 하나님 앞에서 밤낮 참소하던 자가 쫓겨났고, 또 우리 형제들이 어린양의 피와 자기들이 증언하는 말씀으로써 그를 이겼으니 그들은 죽기까지 자기들의 생명을 아끼지 아니하였도다, 그러므로 하늘과 그 가운데에 거하는 자들은 즐거워하라 그러나 땅과 바다는 화 있을진저 이는 마귀가 자기의 때가 얼마 남지 않은 줄을 알므로 크게 분내어 너희에게 내려갔음이라 하더라"

사탄이 밤낮 하나님 앞에서 하는 일은 처음부터 끝까지 믿는 자를 일러바치는 일, 우리를 참소하는 일을 한다.

사탄이 하늘전쟁에서 지고 마지막 분풀이를 하러 내려온 곳도 이 땅이다. 크게 분 내어, 대노해서 내려왔으니 그분을 누구에게 풀겠는가?

이 땅에 사는 사람들, 특히 믿음을 해산하려는 하나님의 백성이다.


❖ 하늘전쟁에서 사탄이 땅으로 내쫓길 때 하늘과 공중에 거하는 자들이 모두 기뻐서 찬양을 부른다. 이들은 누구일까?

이때는 휴거된 자들이 영체를 입고 공중에서 잔치 중이다.

이 영체들이 무엇을 보았을까? 하늘전쟁에서 사탄과 그의 사자들이 쫓겨나는 광경을 지켜본 영체들이 기뻐하며 찬양을 부르는 것이다.

"우리 형제들"이란 죽기까지 666을 받지 않고 승리한 이 땅 성도들이다.

### ③ 이 땅으로 쫓겨난 사탄과 그의 일행이 하는 일

들림 받지 못한 성도들을 괴롭히고 죽이고 마지막 한 사람까지도 믿음을 출산하지 못하게 해서 지옥 백성 만들려고 혈안이 되어 돌아다닌다.

## 2) 이 세상은 온통 적그리스도, 사탄이 지배하는 세상이 된다

* 계12:17: "용이 여자에게 분노하여 돌아가서 그 여자의 남은 자손 곧 하나님의 계명을 지키며 예수의 증거를 가진 자들과 더불어 싸우려고 바다 모래 위에 서 있더라"

* 마24:9-10: "그때에 사람들이 너희를 환난에 넘겨주겠으며 너희를 죽이리니 너희가 내 이름 때문에 모든 민족에게 미움을 받으리라, 그때에 많은 사람이 실족하게 되어 서로 잡아주고 서로 미워하겠으며"

### ① 용은 예수의 증거를 가진 자들과 싸우려고 바다 모래밭에 섰다

여자의 남은 자손이란 사탄에게 굴복하지 않은 성도들과 마지막 후 3년 반에 순교할 순교자를 말한다.

이들은 이미 하나님 보좌 생명록에 이름이 올라간 천국 백성들이다.

사탄은 이들을 토끼몰이하듯 할 것이다.

또한, 후 3년 반에 순교할 자는 어떤 순교자보다 잔인하고 상상을 뛰어넘는 순교를 당할 것이다.

* 마24:23-24: "그때에 사람이 너희에게 말하되 보라 그리스도가 여기있다 혹은 저기있다 하여도 믿지 말라, 거짓 그리스도들과 거짓 선지자들이 일어나 큰 표적과 기사를 보여 할수만 있으면 택하신 자들도 미혹하리라"

예수님이 지상 재림하셨다 해도 믿을만한 일들, 아니 더한 일들을 사탄과 그의 종들은 할 것이다.

그러니 예수 그리스도라 해도 믿지 말라, 현혹되어 따라가면 끝이다. 인내로 기다려야 미혹되지 않는다.

이때까지 믿음을 지킨 자라면 지푸라기라도 잡고 싶은 심정일 것이다.

때문에 그리스도란 말만 들어도 기뻐서 따라가려 할 것이다.

잊지 마라, 그리스도는 하늘에서 내려오실 때 천지를 뒤흔들며 내려오실 것이다. 이때 땅에 있는 자는 가짜다.

# D. 후 3년 반 때 예수 믿는 자

## 1) 소수의 순교자

* 계13:10: "사로잡힐 자는 사로잡힐 것이요 칼에 죽을 자는 마땅히 칼에 죽을 것이니 성도들의 인내와 믿음이 여기 있느니라"

* 계13:15: "그가 권세를 받아 그 짐승의 우상에게 생기를 주어 그 짐승의 우상으로 말하게 하고 또 짐승의 우상에게 경배하지 아니하는 자는 몇이든지 다 죽이게 하더라"

### ① 후 3년 반 때의 순교자

이들은 믿음이 부족해서 들림 받지 못하고, 마지막 때까지 남아 있는 자가 아니다.

특별 사명, 마지막 때 순교의 사명이 있기 때문에 남아 있는 자다.

그럼에도 사람이기 때문에 죽음에 대한 두려움이 클 것이다.

누가 순교자고, 누가 보호처로 갈 자인지 겉보기엔 모른다. 그러나 서서히 믿음의 크기가 드러날 것이다.

순교자는 하나님의 계명과 예수에 대한 믿음이 점점 확고해질 것이다.

점점 순교에 대한 자신의 길이 보일 것이고, 그 길을 향해 부종의 믿음으로 걸어갈 것이다.

② 순교자라고 모두가 당당하게 순교할까? 꼭 그렇지만은 아닐
   거라 생각한다

우리나라 순교지 전시관에 가보면 어린아이가 부모 손에 이끌
려 따라가는 모습이나 엄마 등에 업혀 가는 아기 순교자를 볼 수
있다.

이들이 순교의 믿음이 있었을까? 분위기가 무섭다고 느꼈겠지
만, 죽음의 길이란 걸 몰랐을 것이다. 하지만 순교했다.

로마 경기장에서 사자 밥이 되어 순교하던 자들이 똑같은 순교
의 믿음을 가졌을까? 그렇지 않았을 것이라 생각한다.

서로 위로하고 격려하면서 낙오자가 될 것 같은 자들을 끌어안
고 갈 때 같은 시간에 같이 순교할 수 있었을 것이다.

순교자 옆에서, 두렵지만 순종으로 따라갈 때 그도 순교할 수
있지 않았을까 생각한다.

순교자인지 아닌지 모르겠다면 그래서 당신이 온갖 고통을 참
고 있다면 차라리 주를 위해 죽어라. 순교자 옆에 있으라.

순교는 순간이요, 천국은 영원하다.


③ 순교자는 자신과 아버지를 영화롭게 하는 자다

* 요10:17-18: "내가 내 목숨을 버리는 것은 그것을 내가 다시 얻기 위함
이니 이로 말미암아 아버지께서 나를 사랑하시느니라, 이를 내게서 빼앗
는 자가 있는 것이 아니라 내가 스스로 버리노라 나를 버릴 권세도 있고

다시 얻을 권세도 있으니 이 계명은 내 아버지에게서 받았노라 하시니라"

순교는 누가 내 목숨을 빼앗는 자가 있는 것이 아니라 스스로 버리는 것이다.

* 요17:1: "예수께서 이 말씀을 하시고 눈을 들어 하늘을 우러러 이르시되 아버지여 때가 이르렀사오니 아들을 영화롭게 하사 아들로 아버지를 영화롭게 하게 하옵소서"

순교는 아버지를 영화롭게 하는 것이고, 천국에서 자신을 영원히 영화롭게 하는 것이다.


## 2) 십사만 사천

십사만 사천의 사명에 대해서는 이후에 전하겠다.

왜냐하면, 이들의 사명은 아직 시작되지 않았기 때문이다.


## 3) 마지막 구원받을 자

### ① 예수님만이 길이다

* 요14:6: "예수께서 이르시되 내가 곧 길이요 진리요 생명이니 나로 말미암지 않고는 아버지께로 올 자가 없느니라"

예수 없이 하나님께로 갈 자도 없고, 예수 없이 구원받을 자도 없다.

믿는자 중에서 666에 대한 말씀이 생각나 표 받기를 머뭇거리는 자도 있을 것이다.

인내하라! 이때도 남은 자가 있기 때문에 말씀하신다.

아직까지 예수를 믿지 않았다면 이젠 영영 구원받을 길이 없다.

## ② 창세로부터 지금까지 또 전 3년 반 동안에도 이런 환란은 없었다

* 마24:21-22: "이는 그때에 큰 환난이 있겠음이라 창세로부터 지금까지 이런 환난이 없었고 후에도 없으리라, 그날들을 감하지 아니하면 모든 육체가 구원을 얻지 못할 것이나 그러나 택하신 자들을 위하여 그날들을 감하시리라"

* 단12:12-13: "기다려서 천삼백삼십오일 까지 이르는 그 사람은 복이 있으리라, 너는 가서 마지막을 기다리라 이는 네가 평안히 쉬다가 끝날에는 네 몫을 누릴 것임이라"

환란은 짧아지는 것이 아니라 하나님의 은혜로 감해지는 것이다.

감해 주신다 하셨으니 소망을 갖고 기다려야 한다. 이때 인내가 절대적으로 필요하다. 목숨을 걸어야 한다.

예수님 지상 재림 전까지도 간간이 순교자는 나올 것이다(마지막 순교자). 666시대의 순교자는 전 3년 반 시대의 순교자와 비교할 수 없을 만큼 끔찍하게 순교 당할 것이다.

하지만 이때 남아 있다면 순교자의 명단에 들기를 기도하고 소원하라.

그것만이 안전한 길이고, 영광의 길이다.

# E. 보호처

## 1) 구약의 도피성

### ① 부지중에 살인한 자가 도피할 수 있는 성을 만들고, 그 성에 들어가면 사는 법이 도피성이다

\* 민35:11-12: "너희를 위하여 성읍을 도피성으로 정하여 부지중에 살인한 자가 그리로 피하게 하라, 이는 너희가 복수할 자에게서 도피하는 성을 삼아 살인자가 회중 앞에 서서 판결을 받기까지 죽지 않게 하기 위함이니라"

도피성으로 피해서 살 수 있는 자는 어떤 자인가?

이스라엘 자손뿐 아니라 타국인도 포함된다.

이 말은 누구라도 부지중에, 고의가 아닌 부주의로 사람을 죽였을 때 살 수 있는 방법은 도피성으로 들어가는 것뿐이었다.

이처럼 이 세상 마지막 때 전 세계 예수 믿는 자는 도피성으로 들어가야 살 수 있다.

도피성이나 보호처란 피난처의 의미를 갖고 있다. 따라서 도피성, 피난처, 보호처, 어느 단어를 써도 무방하겠지만, 마지막 때는 보호처란 단어가 더 타당성이 있다고 본다.

이유는 도피성이나 피난처의 의미는 말 그대로 잠시 피해 있는 곳이다.

그러나 보호처란 하나님이 보호하신다는 강한 의미가 내포돼 있다. 성도들이 잠시 도피하는 피난처가 아니라 하나님의 보호 아래 양육 장소로 마련한 장소이기 때문이다.

사탄으로부터 보호하고 양육해서 하나님의 백성을 만드는 곳이니 이제부터 보호처란 단어를 쓰기로 한다.

## 2) 보호처를 준비하신다. 들림 받지 못한 자들에게 주시는 마지막 기회이다

### ① 들림 받지 못한 자들이 이제서야 정신 차리고 말씀을 찾아 헤매며 기도한다

얼마나 당황할까? 똑같이 예수를 믿었지만, 어느 성도는 휴거되고 어느 성도는 남게 되었다.

믿음이 부족해 들림 받지 못한 이들이 남아 있는 것이다.

말씀을 들어서 어렴풋이 알고는 있기에 666 짐승의 표를 받을 수도 없다. 제대로 믿지 않았고, 믿음 준비하지 않아서 들림 받지 못한 자들이 우왕좌왕하며 헤맬 것이다.

이들은 어느 때보다도 간절히 기도한다. 어쩜 들림 받은 자들보다도 더 간절히 기도할 것이다.

그들은 기도하는 것밖에 없다고 생각해 올라가지 않는 기도를 열심히 드린다. 당연히 응답도 없고, 성령의 인도하심도 받을 수 없다.

그래도 자기가 알고 있는 말씀, 들어 기억하고 있는 말씀을 가지고 발버둥 치고 회개하며 기도할 것이다. 아니, 꼭 기도해야 한다.

응답받을 수는 없어도 아버지께 기도한 기도는 하나도 땅에 떨어지지 않는다는 것을 기억하고 기도하라.

이때의 기도는 오직 회개뿐이다. 회개가 최고다.

회개하여 깨끗하게 된 자만이 보호처로 들어갈 수 있다는 것을 꼭 기억하라.

## ② 환란 통과자는 어떤 자들일까?

* 단12:9-10: "그가 이르되 다니엘아 갈지어다 이 말은 마지막 때까지 간수하고 봉함할 것임이니라. 많은 사람이 연단을 받아 스스로 정결하게 하며 희게 할 것이나 악한 사람은 악을 행하리니 악한 자는 아무것도 깨닫지 못하되 오직 지혜 있는 자는 깨달으리라"

연단을 받아 스스로 자신을 깨끗하게 회개하고 정결하게 한 자다.

끝까지 견뎌 깨끗해지는 자만 보호처로 갈 것이다.

후 3년 반에는 예수를 믿을 수 없다. 있는 믿음도 **빼앗기는** 시대다.

그러나 아무리 어려운 후 3년 반 시대라 해도 환란을 통과하는 자들이 있다. 불행 중 다행이다. 그래서 소망을 남겨 주셨다.

혹시 이때 남아 있게 된다면 죽기 살기로 예수를 붙잡아라.

두 증인의 말씀에 집중하고 회개하라. 이런 자만이 환란을 통과할 수 있다. 마지막 기회다.

### ③ 불신자는 사탄에게 영생을 내주고 육의 목숨을 부지한다

* 마10:21-22: "장차 형제가 형제를 아버지가 지식을 죽는데에 내주며 자식들이 부모를 대적하여 죽게 하리라. 또 너희가 내 이름으로 말미암아 모든 사람에게 미움을 받을 것이나 끝까지 견디는 자는 구원을 얻으리라"

믿음을 버린 자는 사탄에게 항복한 자이다. 영생을 버리고 육의 목숨을 선택한 것이다. 그러나 들림 받지도 못했지만, 사탄에게 항복하지도 않은 자가 있다. 이러지도 저러지도 못해 그 고생은 죽음과 같다.

죽음과 같은 괴로움이 온다 해도 믿음으로 이겨내야 보호처로 인도받을 수 있다. 끝까지 견디는 자만 구원받는다.

핍박에 못 이겨 가족이 가족을 신고하여 죽게 하는 시대라 말씀한다.

남은 자 중에서 보호처로 들어갈 자들은 극소수에 불과할 것이다.

왜 아니겠는가? 들림 받지 못한 자들의 믿음이 좋으면 얼마나 좋겠는가?

말씀을 들은 성도님들 중에서 만약 이때 남아 있다면 지금 읽은 말씀을 기억하고, 육의 몸을 지키려고 노력하지 말고 자신의 영을 지켜라.

어차피 육은 예수님 지상 재림하시면 살지 못한다.

죽으면 죽으리라는 믿음으로 나가면 순교자는 순교할 것이고, 순교자의 반열이 아니면 어떻게든 회개하면서 믿음을 지키며 살아야 한다.

왜냐하면, 보호처로 갈 수 있는 길이 아직 있기 때문이다.

자포자기하지 마라. 주님은 마지막 한 생명까지도 찾아 구원하신다는 말씀을 믿고 절대 포기하지 말고 인내하라.

### ④ 예수님은 이때를 이렇게 말씀하신다

* 마10:22: "또 너희가 내 이름으로 말미암아 모든 사람에게 미움을 받을 것이나 끝까지 견디는 자는 구원을 얻으리라"

후 3년 반은 예수 믿는 자들이 구원받을 수 있는 마지막 기회다.

땅에서는 마지막 추수를 해서 알곡을 거두신다. 이들은 들림 받지 못한 성도들이다.

죽을 고생을 하지만 끝까지 666을 받지 않고 예수 이름을 부르는 자에게는 소망을 남겨 주셨다. 끝까지 견디는 자는 구원을 얻는다.

하지만 이제껏 예수 믿지 않았던 자들이나 믿다가 타락한 자들은 예수를 믿을 수도 없고, 구원받을 수도 없다. 그만큼 악한 시대다.

아무리 예수에 대해 안다 해도, 또 사후 세계에 대해 안다 해도 지금처럼 믿을 수 없는 시대가 후 3년 반 시대다.

## 3) 보호처에는 누가 갈 수 있을까?

### ① 예수 믿는 자라고 누구나 갈 수 있는 곳이 아니다

666 받기를 거부하는 사람은 예수를 믿는 사람뿐이다.

어쩌다가 이들은 공중잔치에 초대받지 못하고 짐승의 세상에 아직 남아 있다.

휴거되지는 못했지만 전 3년 반 때 두 증인의 말씀을 듣고 회개한 자만 들어간다. 그동안 예수를 잘못 믿은 것과 자신의 죄를 회개하여 깨끗해진 자만이 예비하신 장소로 들어갈 수 있다.

때문에 예수를 믿었어도 회개하지 않거나 회개가 덜된 자는 갈 수 없는 곳이다.

이 장소는 광야라고 말씀하신 보호처이다.

예수 믿는 자 중에서도 대환난 기간에 목숨 걸고 믿음을 지키면 보호처로 갈 수 있지만 그렇지 않으면 지옥으로 간다.

* 계12:6: "그 여자가 광야로 도망하매 거기서 천이백육십일 동안 그를 양육하기 위하여 하나님께서 예비하신 곳이 있더라"

* 계13:5-10: "또 짐승이 과장되고 신성모독을 말하는 입을 받고 또 마흔두달 동안 일할 권세를 받으니라, 짐승이 입을 벌려 하나님을 향하여 비방하되 그의 이름과 그의 장막 곧 하늘에 사는 자들을 비방하더라, 또 권세를 받아 성도들과 싸워 이기게 되고 각 족속과 백성과 방언과 나라를 다스리는 권세를 받으니, 죽임을 당한 어린양의 생명책에 창세 이후로 이름이 기록되지 못하고 이 땅에 사는 자들은 다 그 짐승에

게 경배하리라, 누구든지 귀가 있거든 들을지어다, 사로잡힐 자는 사로
잡힐 것이요 칼에 죽을 자는 마땅히 칼에 죽을 것이니 성도들의 인내와
믿음이 여기 있느니라"

믿음을 지킨 그리스도인은 광야(양육 장소, 예비하신 곳, 보호처)로
인도하신다. 광야는 의지할 게 아무것도 없는 곳이다. 하나님만
의지해야 살 수 있는 곳이다.

광야는 은밀한 곳, 그리스도 안, 말씀의 보호를 받는 곳, 사탄
의 세력이 미치지 못하는 곳을 말한다.

보호처로 들어간 자들은 천이백육십일을 양육 받고, 예수님 지
상 재림하실 때 그곳에서 나와 주님을 맞이하게 된다.

## ② 언제 이들이 보호처로 들어갈 것인가?

* 계13:15-18: "그가 권세를 받아 그 짐승의 우상에게 생기를 주어 그 짐
승의 우상으로 말하게 하고 또 짐승의 우상에게 경배하지 아니하는 자는
몇이든지 다 죽이게 하더라, 그가 모든자 곧 작은 자나 큰 자나 부자나 가
난한 자나 자유인이나 종들에게 그 오른손에나 이마에 표를 받게 하고,
누구든지 이 표를 가진 자 외에는 매매를 못하게 하니 이 표는 곧 짐승의
이름이나 그 이름의 수라, 지혜가 여기 있으니 총명한 자는 그 짐승의 수
를 세어보라 그것은 사람의 수니 그의 수는 육백육십육이니라"

두 증인에 의해 전 3년 반 동안 어렵게 믿음을 지켰다 해도 후
3년 반이 되면 그 상태에서 믿음을 지킬 수 있는 사람은 없다. 그

만큼 악하다.

생명을 탄생시키는 것과 같은 믿음으로 고난을 이겨낸 성도만이 한 때, 두 때, 반 때, 즉 후 3년 반 때 예비하신 광야로 인도받을 수 있다.

왜냐하면, 적그리스도 시대가 666시대이기 때문이다.

그렇기 때문에 전 3년 반을 목숨 걸고 예수를 믿은 자들은 후 3년 반이 되면 양육 장소로 들어가는 은혜를 베푸시는 것이다.

### ③ 보호처로 들어가는데 한꺼번에 줄지어 들어갈까?

그때그때 준비되는 대로 들어간다는 것을 알려 주셨다.

* 마20:1-7: "천국은 마치 품꾼을 얻어 포도원에 들여보내려고 이른 아침에 나간 집주인과 같으니, 그가 하루 한 데나리온씩 품꾼들과 약속하여 포도원에 들여보내고, 또 제 삼시에 나가보니 장터에 놀고 서있는 사람들이 또 있는지라. 그들에게 이르되 너희도 포도원에 들어가라 내가 너희에게 상당하게 주리라 하니 그들이 가고, 제 육시와 제 구시에 또 나가 그와 같이 하고, 제 십일시에도 나가보니 서있는 사람들이 또 있는지라 이르되 너희는 어찌하여 종일토록 놀고 여기 서 있느냐, 이르되 우리를 품꾼으로 쓰는 이가 없음이니이다 이르되 너희도 포도원에 들어가라 하니라"

이른 아침, 제삼시(오전 9시), 제육시(낮 12시), 제구시(오후 3시)에도 포도원에 들여보냈다. 심지어 십일시, 즉 오후 5시에 들어간

자도 있었다. 한 시간만 일하면 일이 끝나는데도 포도원에 들여

보내 주셨다.

이처럼 보호처에 들어가는 성도도 준비되는 대로 들여보내신다.

그러니까 주일 예배를 드리듯이 모두가 같은 장소, 같은 시간에

나란히 나란히 보호처로 줄지어 들어가는 것이 아니라 준비된 사

람부터 개인적으로 들어가는 것이다.

1,260일 계산은 이른 아침에 포도원에 들어간 자를 기준으로

하루 품값이 계산된 것처럼 처음 들어간 자를 기준으로 계산될

것이다. 이들의 준비는 회개다. 회개해서 깨끗하게 된 자만 보호

처로 갈 수 있다. 왜냐하면, 천국은 깨끗한 자만 갈 수 있는 나라

이기 때문이다.

보호처로 가긴 갈 사람인데 회개가 더디면 그만큼 대환난 시대

를 더 겪고 고통을 당하게 된다.

그러니 생각나는 것마다 되도록 빨리 회개해야 고생 덜하고 보

호처에 빨리 들어갈 수 있다는 것을 기억하라.


④ 만약 휴거되지 못하고 이때 남아 있다면 어떻게 하면 될까?

만에 하나 휴거되지 못할 경우도 대비해야 한다.

지금 이 말씀을 꼭 기억하라! 기억해서 행하는 자는 구원받을

것이다.

기억하지 못하면 패닉 상태가 오고 자포자기해서 사탄이 주는

666을 받고 지옥으로 갈 수밖에 없다.

절대 절망하지 말고 포기하지도 말라. 죽음보다 더한 고통 속에서 3년 반은 엄청나게 긴 시간이다.

지금부터 성경 말씀을 많이 읽고, 들은 말씀을 마음 판에 새겨야 믿음의 중심을 잡을 수 있다.

또 한 가지 중요한 것은 만약 이때 남아 있다면 독백 같은 기도라도 반드시 기도해야 산다.

기도는 하나도 버려지지 않는다는 것을 꼭 기억하고 기도하길 바란다.

기도를 통해 1,260일 동안 보호처에서 양육을 받을 수 있고 믿음을 키워 천년왕국에 들어갈 수 있다는 것을 꼭 기억하고 버림받았다 생각 말고 모든 걸 포기하지 말라. 목숨 걸고 믿음을 지켜라.

그러면 하나님께서 예비하신 보호처로 인도함을 받아 영원히 살 수 있는 길을 열어 주실 것이다.

포기하면 사탄에게 잡혀 지옥으로 떨어진다. 회개의 기도만이 살길이란 것을 꼭 기억하고 인내하라.


## ⑤ 사탄이 보호처를 찾을 수 없을까?

*계12:15-16: "여자의 뒤에서 뱀이 그 입으로 물을 강같이 토하여 여자를 물에 떠내려가게 하려 하되, 땅이 여자를 도와 그 입을 벌려 용의 입에서 토한 강물을 삼키니"

어떻게 하나님이 준비하신 보호처를 사탄이 찾을 수 있을까?

왜냐하면, 보호처는 하늘이 아니라 이 땅에 세워지기 때문이다.

이 말은 보호처는 사탄이 지배하는 이 땅에 있다는 말이다.

그럴 수밖에 없는 이유가 있다.

들림 받지 못한 이들은 아직 육체로 세상에 살고 있다. 때문에 하늘이 아닌 이 땅에 보호처를 준비할 수밖에 없다.

이 땅은 사탄이 지배하는 땅이다. 지배자가 어찌 자기 땅의 일을 모를 수 있을까? 다 안다.

붉은 용은 양육받고 있는 광야 장소를 안다. 그래서 물을 토해 내 보호처 성도들을 죽으려 한다. 이 말은 보호처에 들어간 성도들은 육체이기 때문에 사탄이 얼마든지 기회만 되면 해칠 수 있다는 말이다.

때문에 하나님은 토한 강물을 땅이 삼키게 해서 안전하게 보호하신다. 사탄이 아무리 수단과 방법을 동원해도 하나님은 자연을 통해서라도 보호처 성도들을 철저하게 보호하신다.

## ⑥ 보호처로 들어가는 성도들은 그곳에서 무엇을 할까?

* 계12:6: "그 여자가 광야로 도망하매 거기서 천이백육십일 동안 그를 양육하기 위하여 하나님께서 예비하신 곳이 있더라"

하나님의 도우심이 없으면 보호처에 들어갈 수 없다.

이제 예수 믿는 자 중에 보호처로 간 자들은 그곳에서 1,260일이 지나기만 기다리고 있지 않는다. 양육 받는다.

무슨 양육을 받을까?

이들은 믿음이 없어서 들림 받지 못하고 남아 있는 그리스도인들이다. 믿음이 부족하다. 그러니 양육을 받아서라도 천년왕국에 들어갈 수 있는 믿음을 준비해야 하는 것이다.

양육, 교육이 덜된 상태에선 천년왕국에 들어갈 수 없기 때문이다.

이곳이 보호처, 하나님이 성도들을 위해 예비하신 양육처다.

하나님만 바라보지 않으면 살 수 없는 광야 같은 곳에서 믿음을 끌어올려 천년왕국에 들어갈 준비, 양육 받는 곳이 보호처이다.

보호처는 한 나라에 여러 개가 있을지 아니면 하나만 있을지는 알 수 없다. 다만, 확실한 것은 아무리 멀든 가깝든, 한 나라에 하나만 있든 여러 개가 있든, 보호처에 들어갈 자는 한 명도 빠짐없이 다 들어간다는 것이다. 그러니 혹시 장소를 찾지 못하거나 멀어서 들어가지 못할까 봐 또는 주님이 나를 잊으셨을까 봐 걱정 안 해도 된다.

양육은 1,260일간이며 42달, 한 때, 두 때, 반 때, 후 3년 반을 말한다.

성경적으로 봤을 때 보호처로 들어가는 시기는 666시대다.

육으로는 도저히 살 수 없는 상황이 만들어지고 난 후에 들어간다.

* 마24:24: "거짓 그리스도들과 거짓 선지자들이 일어나 큰 표적과 기

사를 보여 할 수만 있으면 택하신 자들도 미혹하리라"

수단과 방법을 가리지 않고 할 수만 있으면 택한 자도 미혹한다. 이 말씀은 무서운 말씀이다. 택하신 자들도 미혹 받을 수 있고, 자신의 자유의지에 따라 사탄을 선택해 따라갈 수도 있다는 말이다. 때문에 보호처에 들어가고 말고는 본인 선택인 것이다.

그때 사탄을 따라가 666을 받으면 두 번 다시 기회는 없다.

다만 666을 받지 않은 상태라면 마지막에 회개하고 돌아올 기회가 있다는 것을 꼭 염두에 두어야 한다.

보호처에 들어갔다는 것은 아무리 사탄이라 해도 게임 끝난 것이다.

알면서도 보호처에 들어간 자들도 할 수만 있으면 미혹하려고 수단과 방법을 동원한다. 그러니 들어가기 전 성도는 말해 무엇하겠는가?

## 4) 잘 이해되지 않은 말씀들
### ① 대환난은 전 3년 반, 후 3년 반 합해서 7년이다

휴거된 성도의 잔치도 7년이다. 하지만 공중잔치가 7년이란 말씀은 성경에 기록된 것이 없다.

그러나 계산해 보고 유추해 볼 수 있는 말씀들이 있어서 공중잔치의 기간도 알 수 있는 것이다.

만약 전 3년 반의 두 증인의 1,260일과 후 3년 반의 보호처에서의 양육 기간 1,260일 합해 7년이란 말씀이 없다면 공중에서의 기간도 우리가 알 수 없을 것이다.

그러므로 7년 대환란에서 공중잔치도 7년이란 계산을 유추해 볼 수 있는 것이다.

하나님의 인을 받은 성도들이 휴거, 즉 공중으로 들림 받는 시기는 정확히는 알 수 없다. 그러나 전 3년 반 시작 전이나 시작하자마자는 아닌 것으로 안다.

두 증인이 1,260일을 예언한다. 그리고 두 증인이 죽었다가 부활해서 하늘로 올라갈 때 그때 우리도 휴거될 것으로 앞에서 설명했다.

그 후 후 3년 반 내내 사탄의 공격이 이뤄지고, 666시대에 여자가 광야로 도망가서 1,260일을 양육 받는다. 이 기간에 재림에 대한 언급이 없고 20장에 가서야 천년왕국에 대한 말씀이 나온다.

그러므로 공중잔치는 7년이란 계산이 나오는 것이고 7년이 끝날 때 보호처에서의 양육 기간도 동시에 끝나 지상 재림이 이뤄지는 것이다.

② 예수님 지상 재림하시려면 2가지가 충족돼야 한다

첫째: 휴거된 자들의 공중에서의 7년이 끝나야 한다.

전 3년 반 중간쯤에 들림 받을 것이라는 지혜를 주셨으니 후 3년 반이 끝나도 아직 7년이 되지 않는다.

둘째: 보호처로 들어간 자들도 1,260일, 3년 반을 양육 받아야 하는데 이들도 후 3년 반 중간쯤에 들어간다.

양육 기간을 계산하면 후 3년 반이 끝나고도 교육을 더 받아야 한다는 계산이 나온다.

이 세상은 7년 대환난이 끝났지만, 보호처로 간 성도들의 1,260일(3년 반)의 일부 시간과 휴거된 자들의 7년 공중잔치에서의 일부 시간이 똑같이 남아 있는 것이다.


③ 대환난이 끝난 후 남은 시간은 어떻게 사용될까?

7년 대환난이 끝나는 즉시 지상 재림하실 것으로 생각하신 분들이 있을 것이다. 아직도 이해되지 않는 부분일 수도 있다.

노아시대의 예를 들어 보자.

홍수로 40일간 비를 쏟아부으셨다. 노아가 무슨 생각을 했을까?

40일간 비가 내릴 것이라 하셨으니 비가 그치면 바로 배에서 나올 것이라 생각했을 것이다.

그러나 오던 비는 그쳤지만, 그들은 바로 방주 밖으로 나오지 못했다. 물이 빠지고 모든 게 쓸려나가 깨끗하게 되고 마른 땅이 된 다음에야 노아는 방주 밖으로 나올 수 있었다.

다시 말해 더러운 땅, 죄로 가득했던 땅, 온 세상을 물로 쓸어가며 깨끗게 청소하는 시간, 사람이 살 수 있는 조건이 필요했다.

이와 같이 7년 대환난이 끝나도 약간의 시간이 흐른 뒤 지상 재림이 있을 것으로 본다.

왜냐하면, 7년 대환난이 끝나고 나면 이 세상을 깨끗하게 정비할 시간이 필요하기 때문이다.

* 계19:21: "그 나머지는 말탄자의 입으로부터 나오는 검에 죽으매 모든 새가 그들의 살로 배불리더라"

예수님이 왕으로서 이 땅에서 천년왕국을 이루러 오시는데, 방금까지 사탄의 냄새와 죄의 냄새와 시체와 피의 냄새가 진동하는 이 땅에 그대로 지상 재림하셔서 천년왕국을 세우시겠는가?

해, 달, 별을 포함해 이 세상 전부를 깨끗하고 거룩한 땅으로 만든 후에 내려오실 것이다.

그래야 죄가 없는 깨끗하고 거룩한 땅이 되기 때문이다.

지금의 더러운 땅, 사탄의 잔재가 남아 있는 죄의 땅에 어떻게 그대로 천년왕국이 세워질 수 있겠는가?

지금의 땅과 하늘이 아니라 전부 리모델링해서 몰라보게 달라진 거룩한 땅이 된 후에 내려오실 것이다.

때문에 지상 재림 시기는 7년 대환난이 끝난 시점이 아니다. 공중잔치와 보호처의 시간이 끝나는 시점에 맞춰 지상 재림이 이뤄질 것이다. 남아 있는 기간에 리모델링하고 지상 재림하실 것이란 뜻이다.

이 시간이 필요한 것이다.

이 시간이 이해되지 않는 남은 시간이고, 꼭 필요한 시간이다.

때문에 보호처로 간 성도들은 후 3년 반이 끝나도 1,260일이 차기까지 계속 양육 받는 사이에 이 세상은 리모델링 될 것이고, 리모델링이 끝남과 동시에 양육 기간도 끝나고 공중잔치도 끝날 것이다.

이들의 양육이 끝나고 보호처에서 나올 때는 신랑 되신 예수님과 천사들과 영체들이 지상, 이 땅으로 내려올 것이다.

보호처 성도들은 지상 재림하시는 예수님과 영체를 입은 천국 백성들을 기쁨으로 환영하고 이들과 함께 천년왕국에 들어갈 것이다.

우리 모두 승리합시다!

### ④ 믿지 않는 자나 믿는 자 중에서도 깨닫지 못하는 자는 더욱 악해진다

사람들은 악마처럼 변한다. 오히려 두 짐승과 우상을 섬기며 더욱 악해져서 회개하지 않을 뿐 아니라 믿는 자를 잡아서 죽는데 내어 준다.

### ⑤ 가족 생각 말고 자신의 믿음만 지켜라

* 계13:8: "죽임을 당한 어린 양의 생명책에 창세 이후로 이름이 기록되지 못하고 이 땅에 사는 자들은 다 그 짐승에게 경배하리라"

만약 들림 받지 못하고 이 땅에 남아 있게 된다면 믿지 않는 남편이고 아내고 자식이고 신경 쓰지 말고 오직 자신의 믿음만 지켜라.

어차피 그들은 내가 어떻게 할 수 없다. 자신의 믿음도 지키기 어렵다.

설사 믿음을 양보한다고 그를 살릴 수도 없지만, 육신의 목숨을 살리려다 자신이 지옥 간다.

그가 믿는 자라면 구원받을 것이고, 믿지 않는 자라면 어차피 지옥 갈 것이다. 가족 때문에 예수를 부인하면 당신은 영원히 마지막 기회까지 놓치고 만다.

급한 마음에 미혹되지 말라. 영원히 죽는다. 죽기 살기로 버텨라.

그리고 빨리빨리 회개하는 길이 덜 고생하는 길이다.

그렇지 않으면 구원은 없다. 지옥이 기다리고 있을 뿐이다.

## ⑥ 가족 구원과 사랑하는 자 구원은 언제까지 가능할까?

내 가족이 구원받을 수 있게 보호처로 데려가고 싶은 마음은 굴뚝 같을 것이다. 하지만 보호처엔 내가 데려가고 말고 할 문제가 아니다.

그렇다면 내가 그들을 천국에 데려간다는 말이 된다.

보호처에 들어간 자는 지금까지 예수 믿은 자들이고, 간절히 회개하여 구원받을 자들이다.

생명록에 이름이 없는 자를 내 임의대로 보호처에 데려갈 수 있을까? 이들은 이미 예수 안에 없는 자다.

사람이 동정심으로 할 수 있는 일이 아니다. 하나님이 하시는 일이다.

이때 하나님은 공의를 행하고 계신 것이지, 긍휼과 은혜를 베풀고 계시는 것이 아니시다.

믿지도 않는 내 가족을 내 뜻대로 보호처로 데려간다는 말은, 내가 예수가 되어 이들을 구원시키겠다는 말이 된다.

이는 자신이 하나님이라는 무서운 교만의 말이다.

그러므로 확실히 알아야 할 것은 전도해서 가족을 구원시킬 수 있는 시간은 지금뿐이다.

간혹 믿지 않던 자가 두 증인이 전하는 말씀을 들을 수도 있을 것이다. 그렇다 해도 믿을 수 있는 확률은 극히 희박하다. 때가 악하기 때문이다. 회개할 수 없기에 남은 자 속에 끼어 보호처로 갈 수도 없다. 사탄은 믿는 자도 보호처에 들어가는 순간까지 어떤 방법으로든 방해할 할 것이다.

그러므로 예수를 믿었던 자도 고통스러워 예수를 부인하는 자가 많게 된다.

이후에 될 말씀들을 안다 해도 많은 성도가 고통 때문에 사탄 앞에 무릎을 꿇고 지옥을 선택하게 된다.

그러니 믿지 않는 자는 어쩔 수 없이 포기해야 한다.

전도는 휴거되기 전까지는 어렵지만 가능할 것으로 본다. 후 3년 반에 들어가면 믿는 자도 배교하는 시대이다.

이는 은혜의 시대가 끝났기 때문에 전도할 수도 없고, 해도 믿지 않을 것이다. 이때 들림 받지 못하고 남아 있다면 자기 자신도 위태로운 상태이다.

전도는 후회가 없도록 미리미리 전도하고 그들의 믿음을 키워서 전도하는 자나 받는 자나 모두 승리합시다!

# 11

두 짐승(바다짐승, 땅짐승), 666

두 짐승은 후 3년 반에 사탄과 밀접한 관계를 맺고 본격적으로 활동한다. 사탄은 모든 능력과 권세와 보좌까지 전권을 두 짐승에게 주고 철저하게 자신에게 복종하고 자신의 일을 하게 한다.

　그 일은 성도들을 핍박하고 지옥으로 끌고 가는 주도적인 역할을 할 것을 뜻한다.

　두 짐승은 42달(후 3년 반) 동안 사탄으로부터 일할 권세를 받아 일한다.

# A. 바다에서 올라온 짐승(적그리스도)

## 1) 사탄은 바다짐승에게 전권을 이양한다

### ① 바다짐승의 생김새는 표범과 비슷하고 곰의 발 같고 사자 입 같고, 머리는 일곱이고 뿔은 열이다

* 계13:1-2: "내가 보니 바다에서 한 짐승이 나오는데 뿔이 열이요 머리가 일곱이라 그 뿔에는 열 왕관이 있고 그 머리들에는 신성모독 하는 이름들이 있더라, 내가 본 짐승은 표범과 비슷하고 그 발은 곰의 발 같고 그 입은 사자의 입 같은데 용이 자기의 능력과 보좌와 큰 권세를 그에게 주었더라"

마지막 때 진짜 이런 짐승이 바다에서 올라오는 것은 아니다. 이런 짐승은 세상에 없다.

다니엘서에도 이에 대한 말씀이 나온다.

* 단7:3-8: "큰 짐승 넷이 바다에서 나왔는데 그 모양이 각각 다르더라, 첫째는 사자와 같은데 독수리의 날개가 있더니 내가 보는 중에 그 날개가 뽑혔고 또 땅에서 들려서 사람처럼 두발로 서게 함을 받았으며 또 사람의 마음을 받았더라 또 보니, 다른 짐승 곧 둘째는 곰과 같은데 그것이 몸 한쪽을 들었고 그 입의 잇사이에는 세 갈비대가 물렸는데 그것에게 말하는 자들이 있어 이르기를 일어나서 많은 고기를 먹으라 하였더라, 그후에 내가 또 본즉 다른 짐승 곧 표범과 같은 것이 있는데 그 등에

는 새의 날개 넷이 있고 그 짐승에게 또 머리 넷이 있으며 권세를 받았더라, 내가 밤 환상 가운데에 그 다음에 본 넷째 짐승은 무섭고 놀라우며 또 매우 강하며 또 쇠로 된 이가 있어서 먹고 부서뜨리고 그 나머지를 발로 밟았으며 이 짐승은 전의 모든 짐승과 다르고 또 열뿔이 있더라, 내가 그 뿔을 유심히 보는 중에 다른 작은 뿔이 그 사이에서 나더니 첫 번째 뿔 중의 셋이 그 앞에서 뿌리까지 뽑혔으며 이 작은 뿔에는 사람의 눈 같은 눈들이 있고 또 입이 있어 큰 말을 하였더라"

다니엘서의 네 짐승은 계시록 13장의 바다짐승 하나와 같다.

다시 말해 다니엘서의 네 짐승을 합한 것이 계시록의 바다짐승이다.

그의 위력이 짐작이 갔으면 좋겠다.

용은 머리가 일곱이고, 뿔은 열이다. 일곱 머리에는 일곱 왕관을 썼다.

바다짐승은 머리가 일곱, 뿔이 열, 열 뿔에 열 왕관을 썼다.

얼핏 보면 비슷해서 같게도 보일 것이다. 그만큼 전권을 바다짐승에게 주었다는 것이다.

다른 점은 왕관을 어디에 썼느냐이다.

바다짐승은 뿔에다 썼고, 사탄은 머리에 썼다. 뿔보다 머리가 중요하다. 뿔은 잘라내도 다시 자라지만, 머리는 잘라내면 죽는다.

무슨 의미일까? 사탄은 지옥의 왕관이라 할지라도 진짜 자신의 왕관을 짐승에게 줄 리가 없다는 말이다.

열 왕관에는 하나님을 모독하는 이름들이 있다.

## ② 바다짐승으로 표현되는 자는 누구인가?

사탄이 선택하고 자신의 힘과 능력을 이양해서 철저히 사탄의 종노릇할 자이다.

세상 권력을 쥘 나라나 단체를 쥘 자를 의미한다. 이런 영향력을 행사할 수 있는 힘, 사탄이 부여해준 무소부재한 세상 모든 능력과 권세로 경제권, 군사력을 틀어쥐고 생사여탈권을 가지고 사람을 억압하고 복종시키고 죽이는 자이다.

이뿐만 아니라 신성모독을 하고 세상을 쥐락펴락할 수 있는 전권을 사탄은 바다짐승에게 준다.

한마디로 사탄의 힘을 가지고 세상을 지배할 자가 바다짐승이다.

## ③ 사람들이 바다짐승을 신격화하는 이유

계13:3-4: "그의 머리 하나가 상하여 죽게 된 것 같더니 그 죽게 되었던 상처가 나으매 온 땅이 놀랍게 여겨 짐승을 따르고, 용이 짐승에게 권세를 주므로 용에게 경배하며 짐승에게 경배하여 이르되 누가 이 짐승과 같으냐 누가 능히 이와 더불어 싸우리요 하더라"

짐승은 머리가 일곱인데, 그중 하나가 상해서 죽다 살아났다.

두 증인처럼 완전히 죽었다 부활한 것이 아니라 죽게 되었던 상처가 나았을 뿐이다.

무슨 뜻인가 하면 하나님은 죽은 자도 살릴 능력이 있는 분이시지만, 사탄은 죽은 자를 살릴 능력이 없다.

짐승은 죽지 않았다. 사람은 미련하여 이것을 알아차리지 못한다.

사람들은 두 증인이 죽었다가 살아나 하늘로 올라간 것을 봤기 때문에 짐승도 불가사의한 일로 여겨 따르게 된다.

사탄이 하늘전쟁에서 지고 이 땅에 내려와 바다짐승에게 세상 지배권을 이양했기 때문에 그 능력과 권세에 이젠 두려움까지 증폭된다.

누구도 무너뜨릴 수 없을 만큼 강하게 되기 때문에 전 세계 사람이 놀랍게 여기고, 그 권세에 굴복하고 복종하고 신격화하여 경배한다.

"누가 이 짐승과 같으냐 누가 능히 이와 더불어 싸우리요" 그 짐승이 최고인 줄 알고 따라가고, 그 짐승 외에는 더 큰 세력이 없는 줄로 알고 두려워하면서 따라간다.


④ 어차피 사탄은 하늘전쟁에서 지고 이 세상으로 쫓겨났다

그럼 왜 직접 세상을 지배하지 않고 지배할 수 있는 권한을 짐승에게 줄까?

그 이유는 이 세상은 육체를 입은 자들의 세상이다. 동물도, 사람도 하다못해 곤충까지도 전부 육을 가진 자들의 세상이다.

그러나 사탄과 그의 타락한 천사들은 육의 몸을 가진 적도 없

고, 영만 있지도 않다. 영체가 있다.

일제 강점기 때를 생각해 보면 이해가 쉬울 것이다.

한국에 대해 잘 모르는 일본인들은 한국인을 앞세워 강탈했다.

이들은 일본의 앞잡이가 되어 일본인보다도 더 악랄하게 자국민을 괴롭히고 때리고 **빼앗고** 죽이고 나라까지 **빼앗았다**. 이들에겐 피도 눈물도 없었다.

이와 같이 사탄의 앞잡이로 세운 바다짐승은 어찌 보면 사탄보다 더 악랄하게 일할 것이란 걸 짐작할 수 있다.

바다짐승의 위력을 짐작할 수 있으면 좋겠다.

사탄의 시간은 정해져 있는데 그 안에 거침없이 일하려면 육안으로 보이는 실물경제 돈, 권력, 악을 한꺼번에 장악하고, 이 세력을 가장 악랄하게 통치할 수 있는 통치자가 더 유용하다.

결국, 이때가 되면 세상 모든 권력과 힘은 한 곳, 바다짐승에게로 모일 것이다. 사람들에게 두려움을 증폭시켜 바다짐승에게 복종시킬 것이고, 바다짐승에게 복종하는 것은 곧 사탄에게 복종하는 것이다.

당연히 짐승은 사탄의 꼭두각시 역할인 것이다.


## ⑤ 바다짐승의 주된 권세와 임무

사탄은 자신의 권세를 바다짐승에게 전부 주고 목적을 이루는 도구로 사용한다. 그러므로 바다짐승의 세력은 곧 사탄의 세력이다.

단7:8절 끝에 "입이 있어 큰 말을 하였더라"

'큰 말'이란 바다짐승의 말이 법이 되는 세상, 말의 힘을 말한다. 그의 말이 곧 법이 되는 무법천지에 왕이 된다는 말이다.

그러므로 바다짐승의 임무는 사탄이 부여해준 힘으로 세상을 하나로 묶을 것이다. 모든 나라와 사람들은 두려워하며 짐승에게 경배할 것이다. 경배하고 복종하지 않는 자는 그 나라에서는 필요 없는 자다.

짐승의 나라에서 누가 짐승을 섬기지 않고 경배하지 않을 수 있겠는가? 오직 예수그리스도를 믿는 자들만이 경배하지 않고 섬기지 않을 것이다. 그러므로 바다짐승은 신성모독을 하고 하늘에 사는 자들을 비방하고 예수 믿는 자들을 핍박하고 죽일 것이다.

왜냐하면, 성도는 짐승에게 경배하고 섬기고 복종하지 않기 때문이다.

때문에 후 3년 반은 짐승이 다스리는 시대, 짐승시대라 부르기도 한다.


⑥ 바다짐승은 경제를 마비시킨다

짐승은 우리가 생각하는 사자, 곰, 표범과 같은 진짜 동물이 아니다.

이런 짐승과 같은 짓을 하기 때문에 붙여진 이름이다.

짐승의 유일한 목적은 자기보다 약한 짐승을 잔인하게 잡아먹는 것이다. 후 3년 반 때 바다짐승의 세력은 사탄처럼 강하다.

사람들이 전 세계를 통합한 바다짐승을 두려워하는 것은 경제를 마비시키기 때문이다. 그 권세에 경배하고 그 짐승에게 복종해야 살 수 있기 때문이다.

그는 세계 통치권을 가지고 모든 나라를 통합할 것이다.

세상을 주관하던 큰 세력, 회생 불가능하다고 사형선고를 내렸는데 이유도 불분명하게 다시 회복하여 세상을 좌지우지할 나라나 단체를 눈여겨볼 일이다. 또 그런 나라나 단체를 독불장군처럼 힘으로 움직일 자를 눈여겨볼 일이다.

깨닫지 못하고 세상만 따라가는 자는 죽음으로 뚜벅뚜벅 걸어가는 눈먼 자와 같다.

지금도 약소국가는 강대국 눈치를 보며 살고 있다.

강대국이 기침을 하면 우린 감기 든다는 말도 있듯이 강대국에 의해 먹고살 때 할 말도 못하고 눈치를 볼 수밖에 없는 것이다.

지금도 이런데 짐승시대가 되면 세계 전권을 틀어쥐고 있는 바다짐승의 눈치를 안 보는 나라나 어디 있겠는가?

그를 통해 살 수밖에 없을 때 모든 나라와 사람들은 그의 요구에 응할 수밖에 없게 될 것이다.

나라 존폐가 걸려 있고 굶어 죽게 생겼는데, 경배하라면 경배하고 기라면 겨야 하는 상황인 것이다.

## 2) 짐승 짓을 하는 사람이나 나라는 이미 존재한다

### ① 양의 모습으로 와서 자신의 이익을 챙겨 달아나는 자들은 짐승의 한 형태이다

* 고후4:4: "그중에 이 세상의 신이 믿지 아니하는 자들의 마음을 혼미하게 하여 그리스도의 영광의 복음의 광채가 비치지 못하게 함이니 그리스도는 하나님의 형상이니라"

지금도 나라나 회사의 기밀을 빼내서 팔아먹는 산업스파이는 외국뿐 아니라 우리나라에서도 종종 있는 일이다.

개인적인 일로 치부할 수도 있겠지만, 그들 뒤에 숨어 조정하는 자들이 있다. 이는 인간 본심이 아니라 자기 배만 채우려는 짐승 짓이다.

겉으로 보기엔 체면도 있고 법도 있지만, 자기 나라나 개인의 이익을 위해서는 의와 약속도 버린다.

알토랑 같은 기업이나 이익이 될 만한 것들을 뿌리째 뽑아 간다.

또, 외국 기업이나 먹고 튀려는 해외 투자가들은 지금도 우리나라에 손을 뻗치고 있다. 2중, 3중으로 그물을 친 그들은 무슨 수를 써서라도 거대한 이익을 챙겨 가려 할 것이다.

97년 우리나라 외환위기 때도 이와 비슷한 하이에나들이 들어왔다.

정신이 혼미해질 정도로 피를 빨아 먹고 달아났다.

나라의 존폐 위기까지 있었으나 IMF의 도움으로 회생했다.

## ❖ 그럼 IMF는 어떤가?

우리의 알토랑 같은 기업들이 넘어가거나 문을 닫게 만들었다.

한국은 껍데기만 남았다. 지금 우리의 꽃씨 하나도, 농작물의 씨앗 하나도 우리 것이 아니다.

울며 겨자 먹기로 팔 수밖에 없게 만들어 다 가져갔고, 우리는 비싼 로열티를 주고 사서 쓸 수밖에 없는 신세가 됐다.

한국인이 개발한 청양고추까지도 우리의 것이 아니다.

이런 상태에서 경제 회복이 쉽겠는가?

하이에나와 같은 이들은 한 나라를 타깃으로 하면 그 나라가 살든지 죽든지 관심 없다. 빼먹을 것만 빼고 유유히 사라진다.

치고 빠지는 수법이다. 걸려들면 완전히 거덜 나는 것이다.

그들은 서슴없이 도둑질을 한다.

결국, 이들이 한번 마음먹고 들어오면 싹쓸이해 가기 때문에 후진국을 면치 못하고 국민들의 생활수준은 최하위층으로 전락한다.

우리나라는 그나마 잘 견디고 일어선 나라이다.

우리보다 먼저 껍데기만 남기고 알맹이는 다 빼앗긴 나라들은 지금도 그 고통에서 벗어나지 못한 경우가 많다.

그들에겐 하나님이 주신 양심은 제구실을 못할 만큼 마비되고 썩어버렸다.

② 한 나라의 대통령도 그들이 세우기도 하고 끌어내리기도 할 것이다

그때는 드러내 놓고 짐승 짓을 할 것이다.

짐승은 생사권을 갖고 있기 때문에 그저 그의 눈에 들기 위해 복종할 수밖에 없을 것이다.

③ 문화도, 나라도 땅도 훔쳐 간다

일본이 우리 문화와 역사와 땅, 독도를 자기네 것이라 우기고, 김치도 자기네 것으로 하려고 무단히 애를 썼다.

이 세상은 돈으로 안 되는 것이 없다.

독일 '평화의 소녀상'을 철거하라고 압력을 넣는데 로비를 얼마나 했는지 우린 잘 모른다. 자기네 나라도 아닌 남의 나라를 움직이는 것이 얼마나 어려울까?

중국 또한 슬그머니 세계문화유산에 아리랑과 한복을 자기네 것으로 넣으려 하고, 바다를 침범하고 우리 역사를 축소, 또는 말살시키는 작업을 끊임없이 해 나가고 있다.

인해전술이 예전에만 있었던 것이 아니라 지금도 무슨 일만 있으면 숫자로 돈으로 밀어붙이는 것을 본다.

마지막 땐 약자가 당하는 억울한 일들로 온 세계를 도배할 것이다.

아직까진 분야별로 독립된 짐승의 모습을 하고 발톱을 숨기고 있다. 표범, 사자, 곰, 용, 각각의 역할을 각자 하고 있다.

이는 후 3년 반에 쓰기 위한 준비 단계라면 성도님들은 어찌하겠는가?

### ④ 이렇게 뒤에서 조종해서 사탄이 얻는 것은 무엇일까?

통제다, 복종이다. 하나님 백성을 자기 백성 만드는 것이다.

정치, 경제, 문화, 국력, 나라의 관심이 온통 해결해야 할 문제에 골머리를 앓고 있는 동안 짐승은 그 나라에 다른 작업을 할 것이다.

이렇게 모든 권력이 바다짐승에게 주어지는 때가 오면 세상을 틀어쥔 바다짐승은 신과 같은 존재로 각 나라와 사람을 통제할 것이다.

그 통제 수단은 뭐니뭐니해도 돈이고 물질이고 권력이고 군사력이다.

사람이 가장 좋아하는 돈, 살아가는 데 꼭 필요한 돈, 돈이라면 도덕도, 충성도, 믿음도, 다 버릴 만큼 미치게 만드는 그 돈으로 사람을 묶어 버린다. 전 세계를 상대로 거대한 입을 벌려 무엇이든 닥치는 대로 삼켜버릴 것이다. 이때가 되면 사람은 바다짐승에게 머리를 조아리며 절하고, 짐승은 경배받을 것이다.

이렇게 짐승에게 모든 권력을 주고 사탄은 세계를 하나로 묶을 것이다. 그는 하나의 통합된 나라를 만들어 세계를 손아귀에 넣을 것이다.

## 3) 하나님을 비방하고 천국을 비방한다

### ① 후 3년 반 내내 하나님과 성도를 비방한다

* 계13:5-6: "또 짐승이 과장되고 신성모독을 말하는 입을 받고 마흔두 달 동안 일할 권세를 받으니라, 짐승이 입을 벌려 하나님을 향하여 비방하되 그의 이름과 그의 장막 곧 하늘에 사는 자들을 비방하더라"

사탄이 짐승에게 세상 모든 권세를 다 주고 왕처럼 경배를 받게 할 땐 목적이 있어서다.

교만이 하늘을 찔러 하나님이 어디 있느냐며 신성모독을 하고, 하나님을 훼방하는 말(=헐뜯어 비방하는 말)을 하게 할 목적이다.

하나님의 이름과 하나님의 장막과 하늘에 사는 자들까지 비방한다.

세상 나라 사람들은 짐승의 마음을 갖게 되고, 마귀의 능력과 권세로 악을 행한다. 양육강식이 일어날 것이다.

돈과 권세를 따라가는 나라 개인은 짐승에게 다 경배한다.

짐승은 지옥 갈 자들에게 엎드려 경배받는 일을 한다.

돈의 권세, 경제, 군사력으로 휘어잡는 그 앞에 예수를 믿는 자들도 돈의 흐름을 따라가고, 강력한 힘의 흐름에 동승하게 된다.

하나님의 능력과 그리스도의 은혜를 비난하고 대적하며 사람들을 42달, 즉 후 3년 반 동안 계속 미혹한다.

## ② 성도들의 핍박이 극에 달한다

* 계13:7-9: "또 권세를 받아 성도들과 싸워 이기게 되고 각 족속과 백성과 방언과 나라를 다스리는 권세를 받으니, 죽임을 당한 어린양의 생명책에 창세 이후로 이름이 기록되지 못하고 이 땅에 사는 자들은 다 그 짐승에게 경배하리라, 누구든지 귀가 있거든 들을지어다"

바다짐승은 세상 모든 나라를 다스리는 권세를 받아서 성도들과 싸워 이기게 된다. 수단과 방법을 가리지 않고 성도들을 핍박하고 잡아간다.

이제까지 예수를 믿었어도 믿음에 확신이 없는 자는 짐승에게 경배할 수밖에 없다. 이렇게라도 살 수밖에 없다며, 이런저런 이유를 붙여가며 믿음을 팔아먹는다.

믿음을 팔아서 이 땅 권세를 사고, 영혼을 팔아서 이 땅 양식을 사는 성도들, 짐승을 찬양하고 경배하는 자들은 생명록에서 이름이 지워진다. 이런 자들은 소수일 거라 생각할 수 있지만, 각 족속과 백성과 방언과 나라에서 예수 믿는 수많은 자가 굴복할 것을 말씀한다.

그들은 짐승을 섬기게 되므로 지옥 백성이 된다.

귀 있는 자는 하나님의 말씀을 들을지어다!

## ③ 후 3년 반에 순교자들을 이렇게 죽인다

* 계13:10: "사로잡힐 자는 사로잡힐 것이요 칼에 죽을 자는 마땅히 칼

에 죽을 것이니 성도들의 인내와 믿음이 여기 있느니라"

후 3년 반에는 무지막지한 순교가 있을 것을 말씀한다.

이들은 보호처로 가는 성도들도 봤고, 휴거된 성도들도 봤다. 그렇기 때문에 믿음을 지키려고 더 안간힘을 쓸 것이다.

이런 성도들을 핍박하고 죽일 것이다. 사로잡힐 자는 사로잡혀 갈 것이요, 칼에 죽을 자는 칼에 죽을 것이다. 때문에 인내하는 믿음이 있어야 하고, 천국에 소망을 확실히 두어야 한다.

마지막 때 성도들의 싸움은 혈과 육의 싸움이 아니다. 영적 싸움이다.

천국을 소망하며, 죽으면 죽으리라 하루하루 살아야 영생할 수 있다.

짐승이 각 족속과 백성과 방언과 나라를 다스리는 권세를 받았다.

다시 말해 짐승을 통해 사탄은 온 세상을 지배하고 경배를 받는다.

경배란 단순하게 머리를 숙여 인사하는 정도로 생각해선 안 된다. 섬기는 것, 그가 무엇을 시키든지 그에게 복종하는 것을 의미한다.

누구를 죽이라 하면 죽여야 하고, 하나님을 저주하라 하면 해야 한다는 뜻이다. 이전에 하나님을 아버지라 부르던 자라도 짐승에게 경배하면 자신의 영혼을 판 자다.

이런 자는 생명록 책에서 그 이름을 지워 버리신다 말씀한다.

이런 자는 아무리 계시록 말씀을 알아도 보호처로 갈 수 없고, 죽는다 해도 이는 순교가 아니라 지옥으로 가는 개죽음이다.

그러므로 세상 것을 잡으려는 자는 자기가 세상에 사로잡힌다.

성도가 세상 것, 권력, 돈, 명예, 사람, 지위를 잡으려고 따라가면 신앙의 길을 똑바로 걷지 못하게 된다.

그러면 욕심에 끌려 사탄의 밥이 되고 만다.

후 3년 반 때는 짐승에게 경배하지 않으면 누구든지 죽이는 시대이고, 이 시대를 짐승시대라 한다.


❖ **믿음을 가지고 순교하면 영광을 얻는다.**

견디고 견뎌 환난을 통과하는 자도 나온다(양육 장소에 들어가는 자).

그러나 안전권에 들어가려면 이때는 순교가 최선이다.

세상 권력을 다 가진 그의 뜻대로 따르지 않는 자는 짐승의 나라에서는 필요 없는 자다.

쌀 한 톨도 얻을 수 없다. 그에게는 합법적으로 사람을 죽일 권세까지 주어졌는데 그가 무엇을 망설이겠는가, 무엇을 두려워하겠는가?

무법천지가 될 것이다.

이때 남아 있다면 어찌하겠는가, 죽으면 죽으리라, 인내하라.

이렇게 전 세계를 통합하는 이유는 땅의 짐승이 맘껏 일할 수 있도록 모든 조건을 만들어주기 위함이다.

# B. 땅에서 올라온 짐승(거짓 선지자)

## 1) 땅에서 올라온 짐승은 바다짐승을 섬긴다

* 계13:11-13: "내가 보매 또 다른 짐승이 땅에서 올라오니 어린 양같이 두 뿔이 있고 용처럼 말을 하더라, 그가 먼저 나온 짐승의 모든 권세를 그 앞에서 행하고 땅과 땅에 사는 자들을 처음 짐승에게 경배하게 하니 곧 죽게 되었던 상처가 나은 자니라, 큰 이적을 행하되 심지어 사람들 앞에서 불이 하늘로부터 땅에 내려오게 하고"

### ① 땅의 짐승은 어린 양처럼 두 뿔이 있고 용처럼 말한다

땅의 짐승은 바다짐승과 같은 일을 한다. 왜? 사탄의 종이니까.

땅의 짐승은 바다짐승에게 아첨하며 떠받들며 헌신한다.

모습은 어린양 예수그리스도와 닮아 있으나 사탄의 말을 한다.

이는 거짓 선지자다. 거짓 선지자이니 당연히 적그리스도를 섬기는 것이다. 바다짐승을 섬기지만, 결국 사탄을 섬기는 것이다.

### ② 지금까지 어렵게 믿음을 지켜 왔던 수많은 성도가 개죽음당한다

이유는 첫 번째 바다에서 올라온 짐승은 신성모독, 직접적으로 하나님을 모독하는 말을 하기 때문에 가짜라는 것을 알 수 있었다.

그러나 두 번째 땅에서 올라온 짐승은 어린양과 비슷하기 때문에 속는다. 모습이 양 같아서 그래서 속는다.

기다리고 기다리던 예수 그리스도라고 믿기 때문에 속는다.

스스로 속는 것이다. 믿음이 확실하지 않은 자는 앞뒤 가리지 않고 예수 그리스도라 믿고 따라간다.

잘 보면 알 수 있는데, 재림하시는 예수님은 천지를 호령하며 하늘에서 오시고, 두 짐승은 말 그대로 바다와 땅, 세상에서 오는데 구분을 못 한다.

또, 그는 예수님의 말이 아니라 사탄의 말을 한다.

아무리 겉모습이 어린양을 흉내 내도 입에서 나오는 말은 그의 주인인 사탄의 말을 하는데 그런데도 속아 넘어간다.

이때 말씀을 안다면 속지 않을 것이다. 때문에 성경 말씀을 제대로 알아야 짐승의 말을 비교해 보고 속지 않을 수 있다.

땅의 짐승은 성도들을 핍박하고 생명을 빼앗는다.

때문에 말씀을 확실히 알아야 짐승에게 넘어가지 않고, 순교할지언정 믿음을 지킬 수 있다.


③ 땅에서 올라온 짐승을 전 세계 성도들이 왜 믿고 따라갈까?

이제까지 견딘 성도들이 왜 넘어갈까? 그의 능력 때문이다.

엘리야를 연상케 하는 큰 이적을 행하기 때문이다. 특히, 믿는 자라면 누구나 하나님의 능력이라 알고 있는 하늘에서 불을 내리는 것을 보고 많은 성도가 속아 넘어간다. 참 선지자가 아니면 할 수 없는 이적과 기적을 행하기 때문에 미혹 당한다.

마지막 때 선지자 엘리야를 보내시겠다 말씀하셨는데, 마침 엘리야 흉내를 내는 것이다. 하늘에서 불을 내릴 자는 엘리야밖에 없다고 믿기 때문에 사탄의 말을 해도 스스로 속는 것이다.

거짓 선지자라고 알고 따라가는 것이 아니라 참 선지자라 믿고 따라가는 것이다.

말씀을 어렴풋이 아는 성도들은 무조건 선지자라 믿고 따라간다.

한 말씀이라도 정확하게 기억하고 만약 모른다면 그의 행동을 유심히 보면 가짜라는 것을 알 수 있을 것이다.

섣불리 믿지 말고 돌다리도 두드려 보고 건너야 한다.


④ 바다짐승보다 땅의 짐승이 성도에겐 더 위험하다.

왜냐하면 바다짐승, 적그리스도는 전반적으로 사탄이 일할 수 있게 아우르고 조성하고 세상을 통제하고 경배받는 일을 하면서 그리스도 흉내를 내고 있으니 그나마 구별하기가 낫다.

그러나 땅의 짐승, 거짓 선지자는 양의 탈을 쓰고 미혹하며 적그리스도의 마음을 사려고 무슨 일이라도 하기 때문에 더 위험하다.

바다짐승의 핍박에는 넘어가지 않고 믿음을 지킨 성도도 땅의 짐승의 미혹에 넘어가 믿음을 버리는 경우가 많을 것이라 주석에도 말씀한다.

## 2) 자신이 아닌 바다짐승을 위한 우상을 만들고, 그 우상에게 생기를 주어 말하게 하기 때문에 믿고 따라간다

*계13:14-15: "짐승 앞에서 받은바 이적을 행함으로 땅에 거하는 자들을 미혹하며 땅에 거하는 자들에게 이르기를 칼에 상하였다가 살아난 짐승을 위하여 우상을 만들라 하더라, 그가 권세를 받아 그 짐승의 우상에게 생기를 주어 그 짐승의 우상으로 말하게 하고 또 짐승의 우상에게 경배하지 아니하는 자는 몇이든지 다 죽이게 하더라"

### ① 겸손과 능력을 보고 따라간다

겉으론 선지자인 척하면서 사람들을 공포 속으로 몰아넣고 우상을 섬기지 않는 자는 다 죽이는 일을 한다.

엘리야와 같은 능력을 가진 땅의 짐승은 자신을 위한 우상을 만들지 않는다. 오직 바다짐승을 위한 우상을 만들고 그 우상에게 말하게 하고 누구를 섬기느냐면 자신이 아닌 바다짐승을 섬기게 한다.

이런 능력을 가지고도 땅의 짐승은(거짓 선지자) 겸손하기까지 하다. 그래서 믿는다.

### ② 바다짐승 혼자서 전 세계를 다니며 통제할 수 있을까, 없다

이때 각국에 바다짐승을 위한 우상을 만들어서 통제하는 것이다. 누가 만들까? 땅의 짐승 거짓 선지자가 만든다.

우상이 말을 한다. 돌이나 나무를 깎아 만든 우상이 말을 할 수 있을까? 아니다. 이는 사람이다.

적그리스도와 거짓 선지자를 따르는 사람 중에서 적그리스도에게 절하게 하고 충성맹세를 시키는 것이다. 이렇게 해서 땅의 짐승, 거짓 선지자로부터 권세를 위임받은 꼭두각시가 우상이다.

나라마다 우상이 되고 싶어 안달 난 자들은 얼마든지 있다. 이들은 나라마다 있는데 그 나라에서 우상으로 섬김을 받는 작은 거짓 선지자들, 짐승의 꼭두각시들이다.

우상의 임무는 사람들을 바다짐승에게 경배시키고 666을 받게 하는 일을 한다. 거짓 선지자의 입이 되어 적그리스도에게 헌신하고 충성한다. 그의 말이라면 무엇이든 한다.

### ③ 우상은 세계 각국 사탄의 부하들이다

적그리스도의 적을 빼면 그리스도요, 거짓 선지자의 거짓을 빼면 선지자다. 그러므로 말하는 우상은 어떤 이들인가 하면 각국에서 예수를 배교하고 돈을 따라가고 권력을 따라가며 적그리스도를 따르는 자들이다.

거짓 선지자가 적그리스도를 예수 그리스도 섬기듯 하고, 우상들은 거짓 선지자의 입이 되어 그의 말을 하고 그를 섬기며 경배하게 한다.

때문에 불행히도 이때 남아 있다면 그들이 하는 말과 행동을 보고, 그들이 하는 말이 성경 말씀에 어긋남이 없는가 기도하며 살펴야 한다.

우상을 만들지 말고 절하지 말고 섬기지 말라는 십계명 말씀만 알아도 넘어지지 않는다.

사탄의 권력을 등에 업고 하나님의 백성들, 보호처로 갈 성도들의 생명을 취해 사탄에게 바치는 일을 한다.

이때 우상들은 자기에게 경배하지 않는 자는 적그리스도에게 경배하지 않는 것으로 간주하고 처참하게 죽인다.

우상이라 말하는 자들은 두 짐승과 사탄으로부터 권세를 받아 어떤 일도 다 할 수 있는 능력을 부여받는다.

두 짐승과 우상이 어떤 기적을 행하더라도 속지 말고 말씀을 기억하고 인내하시길 바란다.


④ 우상이라 하는 이들은 누구일까?

하나님을 믿었다가 배교한 자, 세계적으로 존경받던 자이거나 존경받는 자일 것이다. 이 우상들은 하나님을 모르는 자나 믿지 않은 자가 아니라 믿는 자이거나 믿었던 자다.

이렇듯 예수 믿지 않는 자보다 예수 믿었던 자가 배교하면 더 무섭다.

짐승의 능력을 받은 거짓 종교 지도자들, 거짓 예언자들이 세상 권력을 등에 업고 악을 자행할 것이다.

본격적으로 사탄의 세상이 왔으므로 하나님의 이름을 모독하고 대놓고 하나님을 비방한다. 선한 양의 모습을 하고 있지만 악한 용처럼 말을 한다. 이는 사탄의 말을 한다는 뜻이다.

하나님의 말씀을 다르게 말하며 이적과 기적을 일으키는 사람을 조심하라. 말하는 우상을 섬기거나 절하면 영원히 죽는다.

사람은 기적을 좋아하고 이적에 약하다.

그러나 기적과 이적 행함을 따라가지 말고 하나님 말씀, 진리를 따라가야 살 수 있다.

# C. 짐승의 표 666

666에 대해서는 믿지 않는 자들도 알 정도로 알 사람은 안다.

물건에 바코드를 붙였을 때, 카드가 나왔을 때 믿는 자들은 경악했다.

그만큼 666은 성도들을 초긴장시키는데, 이는 마지막 시대의 정점을 찍는 일이기 때문이다.

666 표란 짐승의 표, 사탄의 인, 매매할 수 있는 미래의 화폐다.

요즘은 코로나 백신이 666이라는 소문을 퍼 나르고 있다. 백신이 짐승의 표다, 맞지 말라는 메시지를 많이 받아 봤을 것이다. 이 메시지를 보고 맞지 않은 분들도 꽤 있을 거라는 생각도 든다.

짐승의 표가 666인데, 코로나 백신이 666이란 말인가?

지금부터 전하는 짐승의 표 666에 대해 잘 읽어 보시고 답을 찾기를 바란다.

## 1) 누구든지 짐승과 그의 우상에게 경배하고 받는 표가 짐승의 표 666다

* 계13:15-18: "그가 권세를 받아 그 짐승의 우상에게 생기를 주어 그 짐승의 우상에게 말하게 하고 또 짐승의 우상에게 경배하지 아니하는 자에게는 몇이든지 다 죽이게 하더라, 그가 모든 자 곧 작은 자나 큰 자나 부

자나 가난한 자나 자유인이나 종들에게 오른손이나 이마에 표를 받게 하고, 누구든지 이 표를 가진 자 외에는 매매를 못하게 하니 이 표는 곧 짐 승의 이름이나 그 이름의 수라, 지혜가 여기에 있으니 총명한 자는 그 짐 승의 수를 세어보라 그것은 사람의 수니 그의 수는 육백육십육이니라"

① 오른손이나 이마에 666표를 주는 자가 누구냐? '그'라고 말한다

'그'는 두 짐승 중에 한 짐승을 말하는데, 바다가 아닌 땅에서 올라와 어린 양의 모습을 하고 사람을 속이는 거짓 선지자, 땅의 짐승이다.

땅의 짐승은 짐승의 표까지 받게 하며, 사람을 통제하고 자신을 섬기라고 하는 것이 아니다. 바다짐승을 섬기라고 하는 것이다.

② 짐승의 표 666은 반드시 영생과 관계가 있어야 한다

반드시 우상에게 경배하는 자, 이 말은 짐승을 섬긴다고 약속 하는 자에게만 짐승은 내 것이라는 표, 666표를 줄 수 있다.

예수 믿는 것과는 상관없는 것이라면 영생과도 상관없다.

왜냐하면, 666 역할은 어떤 조건을 붙이든 간에 예수 믿는 자 를 믿지 못하게 하여 지옥 백성 만들기 위한 분명하고도 확실한 목표가 있기 때문이다.

이는 백보좌 심판 때 그 누구도 다른 이를 탓할 수 없게 하기 위해서다. 만약 속임수로 666을 받게 해서 지옥 간다면 이는 불

공평한 일이다. 천국과 지옥의 갈림길로 들어서는 짐승의 표 666
은 강요가 있다 하더라도 전적으로 본인이 선택해서 받게 되는
것이다.

그러기에 누구에게도 책임 전가를 할 수 없다.

① **돈의 흐름**

아직은 미국이 전 세계 경제권을 잡고 있기 때문에 모든 나라
돈의 가치는 달러로 계산한다.

심지어 북한도 달러가 통용되고 북한 돈보다 달러를 더 좋아한다.

돈의 형태를 보면 물물교환 – 엽전 – 종이돈 – 카드 – (가상화
폐?) 마지막엔 몸에 박아 넣는 돈의 형태로 바뀔 것이다.

❖ **666에 대해서는 성도들의 관심이 크다.**

666은 미래 돈의 형태다. 누구도 빼앗아갈 수 없고, 잊어 버릴
염려도 없는 돈, 몸에 지니고 다니는 돈이 666이다.

이때 인치심을 받은 성도는 이미 휴거되었으므로 해당 사항이
없다.

불신자들이야 고민 없이 편리하고 안전한 666을 받겠지만, 남
아서 보호처에 들어갈 자들과 순교자들에게는 너무나 중요한
말씀이다.

## 2) 베리칩(인터넷 기사와 종말론 책 내용을 퍼온 것임)

### ① 베리칩이란 무엇인가?

우리나라는 다른 나라보다 더 빨리 베리칩이 시행될 것이란 미국의 발표가 있었다.

이유는 건강보험을 전 국민이 다 가지고 있어서 예방접종하듯이 쉽게 접종할 수 있기 때문이라 한다.

또 하나는 IT 산업이 세계 어느 나라보다 발달되어 있어 통제가 가장 쉬운 나라이기 때문이라는 미국의 평이다.

베리칩은 사람 몸속에 넣는 무선 식별 장치로 1~2m 거리에서 스캐너로 칩 데이터를 읽는다.

크기는 쌀알보다 작고, 무게는 0.68g, 길이는 7mm이며, 주사기로 피부에 삽입한다.

주사 놓는 시간은 약 1초 정도 걸리고 준비하는 과정까지 합하면 20분 정도 걸린다. 그 안에는 메모리, 안테나, 충전지가 들어 있는데, 이 충전지는 충전할 필요 없이 체온에 의해 평생 자동 충전된다.

지구상에 어디든 위성으로 추적할 수 있고, 항상 교신할 수 있다.

짐승시대가 오면 위성을 통해 모니터를 보면서 명령을 내리고 세상 모든 사람을 통제한다.

통제 방법은 칩을 통해 전자 신호를 보내고 지시를 내린다. 전류는 무선 주파수 시스템이다.

베리칩을 받는 순간 몸의 유전자는 변형된다.

칩을 통해 적그리스도 지시를 받기 때문에 성격은 사탄처럼 변하고 스스로 할 수 있는 건 아무것도 없다(노예처럼).

만약 이 시스템이 고장 났을 경우엔 피부가 괴사되어 죽는다.

그동안은 애완동물이나 가축의 관리를 위해 전자 인식표로 사용되었으나 이제 사람의 몸속에 심고 있다(간편성, 안전성 때문).

범죄자, 군사용, 적군에게 피부밑에 이식하면 뼈처럼 딱딱하게 굳고, 만질 수도 있다고 한다. 엑스레이를 찍어도 나오지 않을 만큼 특수 소재로 이식한다고 한다.

지금은 우리나라에서도 15만 원이면 삽입 가능하다고 한다. 왜 받을까? 잃어버릴 염려 없고, 편리하기 때문이다.


## ② 베리칩은 마이크로, 몸에 삽입하는 전자 칩이다

베리칩은 생체에 삽입하는 전자 신분증이다.

베리칩을 만든 단체는 미국 록펠러 가문의 프리메이슨 재단이다.

멕시코가 가장 많이 받았고, 러시아는 2025년까지 시행을 밝혔다.

한국은 2013년부터 동물에게 실시하고 있으며, 사람에게 베리칩을 주사할 시기를 조율 중에 있다고 이 책은 전한다.

아직은 베리칩이 666인지는 확실치 않다고 전하는 분도 있고, 베리칩이 666이라 전하는 분도 있다고도 전한다.

(이상은 인터넷과 말세에 관한 책을 인용한 것임)

## 3) 베리칩이 666일 가능성은 더 생각해 볼 일이다
### ① 베리칩이 짐승의 표 666이라 확신하지는 않다
확실하지 않기 때문에 베리칩을 받아도 된다는 것은 아니다.

베리칩을 앞세워 경계심을 풀게 한 후 진짜 짐승의 표 666이 나올 가능성은 크다. 하지만 아직은 잘 모르는 일이니 주의 깊게 관찰하고 섣불리 속단하지 마시기 바란다.

베리칩을 받는 사람에게 특혜를 준다 해도 받지 말라고 권유하고 싶다. 몸에 박아 넣는 것은 어떤 것이든 받지 마시길 바란다.


### ② 성경 말씀을 보고 생각의 폭을 넓히기 바란다
그리스도인들은 종말에 관한 책을 보고, 말씀을 듣고, 또 믿는 자에게서 전해 듣고, 마치 베리칩이 666인 것처럼 많은 이들의 생각이 굳어져 있다.


❖ **정확히 말하면 베리칩이 666이 아니라, 짐승의 표가 666이다.**
베리칩이 666일 가능성은 적지만 그래도 집중해야 한다.

아직 시간이 남아 있고 과학은 하루가 멀다 하고 발전한다.

믿는 자가 베리칩으로 혼란에 빠져 있는 동안 진짜 666이 나올 가능성도 있다.

또, 베리칩은 위험하다는 생각의 틀을 깨고 받았더니 오히려 모든 면에서 편리하고 안전하다, 괜히 걱정했다고 생각할 때 그때 진짜 666이 나올 수도 있다.

### ③ 더 중요한 것은 후 3년 반에 666표를 받게 되는데 베리칩이 666이라면 시기적으로 맞지 않는다

빨라도 너무 빠르다. 진짜 짐승의 표 666은, 베리칩이란 것에 숨어 때를 기다리고 있을 것이란 지혜를 주셨다.

어쩌면 베리칩의 사명은 거기까지인지도 모른다.

그러므로 베리칩이 666이다. 이런 편견을 버리고 베리칩이 어떤 조건으로 사람들에게 다가오는지를 예의주시하라.

베리칩이 666이라면 예수 믿는 것과 반드시 관계가 있어야 한다. 예수 믿는 자들에게 어떤 핍박과 위협이 있는지 없는지를, 주의 깊게 보고 지혜롭게 판단하라. 분명 666이라면 이것을 받지 않으면 죽음이 따라올 것이다.

## 4) 짐승의 표 666은 무엇 때문에 받을까?

\* 계13:17: "누구든지 이 표를 가진 자 외에는 매매를 못하게 하니 이 표는 곧 짐승의 이름이나 그 이름의 수라"

### ① 한마디로 먹고살기 위해서 받는다

지금 시대는 돈이 없으면 살 수 없다.

후 3년 반 시대는 금은보화도, 화폐도, 은행에 저축해 둔 돈도, 부동산도 666을 받아야만 쓸 수 있다. 아니면 다 무용지물이 된다.

짐승의 표인 666을 받아야만 사고팔 수가 있다. 마트에 가서 장을 볼 수 있고 최소한의 삶이나 화려한 삶도 살 수 있다.

왜냐하면, 666이 그 시대의 화폐이기 때문이다.

### ❖ 666을 받지 않으면 어떻게 될까?

666표가 없으면 할 수 있는 게 없다. 그 시대의 돈이기 때문이다. 재산이나 생명, 그 어떤 것도 자신의 힘으로 지킬 수 없다.

아파도 병원에 갈 수 없고, 의식주를 해결할 수도 없고, 자녀를 학교에 보낼 수도 없다. 집이나 차를 사거나 유지할 수도 없고, 비행기를 타거나 지하철, 버스를 이용할 수도 없다.

핸드폰, TV, 인터넷도 사용할 수 없고 전기, 수도도 끊긴다.

666을 받지 않으면 체포되고 구금 또는 사형 당한다.

아무리 산속에 숨어 있다 할지라도 개미새끼 한 마리까지도 찾아내는 시대다. 인간의 자유가 없어지고, 살려면 세계 통치자(짐승)가 원하는 대로 할 수밖에 없다.

다시 말하지만, 자유의지에 따라 칩을 받을 사람은 받고, 받기 싫은 사람은 받지 않아도 살아가는 데 불편하기는 하지만 불이익이 없다면 이는 666이 아니다.

특히, 믿음 생활하는 것과 상관없다면 이도 666이 아니다.

## ② 벌써 마귀의 종으로 끌려다니는 사람들이 많다

짐승의 표 666은 마귀의 사람이란 표다. 벌써 마귀의 종으로 사는 사람은 666을 받은 것과 무엇이 다르겠는가?

사람을 죽이고도 죄를 모르는 사람, 남에게 죄를 뒤집어씌우고, 평생 씻지 못할 피해를 주고도 양심에 가책도 받지 않는 사람들, 화인 맞은 양심의 소유자들이다.

이들은 착하고 선하게 살라는 하나님의 말씀 대신 사탄의 말을 듣고 악마처럼 사는 자들이다.

짐승시대는 모두가 이런 자들처럼 사는 세상이 666시대다.

사탄은 666시대가 오기 전부터 경제권으로 예수 믿는 성도를 묶을 것이다.

예수 믿는다는 이유로 직장을 잃고 새 직장에 들어갈 수 없다면 믿음을 헌신짝 버리듯 할 것이다. 점점 구원의 문이 좁혀져 가고 있다.

알곡과 쭉정이가 가려지는 것이다.

후 3년 반을 사는 성도라면 더 많이 회개하고 깨끗해져서 잡히면 순교하고 안 잡히면 보호처로 피난해야 한다.

흔들리지 않는 믿음을 준비해야 한다.

## ③ 짐승의 표 666을 받게 할 때는 전제 조건이 있다

* 계13:15: "그가 권세를 받아 그 짐승의 우상에게 생기를 주어 그 짐승

으로 말하게 하고 또 짐승의 우상에게 경배하지 아니하는 자는 몇이든지 다 죽이게 하더라"

* 계14:9: "또 다른 천사 곧 셋째가 그 뒤를 따라 큰 음성으로 이르되 만일 누구든지 짐승과 그의 우상에게 경배하고 이마에나 손에 표를 받으면"

**"짐승과 우상에게 경배하는 자"**란 단서가 붙어 있다.

경배란 절하고 섬기는 것을 말한다. 즉 우상에게 절하는 자, 우상을 섬기는 자를 말한다.

하나님이냐 짐승이냐 둘 중 하나를 선택하도록 강요할 것이다.

예수를 버려라, 버려야 666을 받고 경제활동을 하고 너와 네 가족이 살 수 있다고 말할 것이다.

강제로 666 표를 오른손이나 이마에 받게 할 순 없다. 본인이 허락하면 666 짐승의 표를 줄 것이다.

**예) 다니엘의 세 친구가 금 신상에 절하라는 명령을 거절할 때 강제로 금신상 앞에 꿇어앉힌 것이 아니다.**

* 단3:10-11: "왕이여 왕이 명령을 내리사 모든 사람이 나팔과 피리와 수금과 삼현금과 양금과 생황과 및 모든 악기소리를 듣거든 엎드려 금신상에게 절할 것이라, 누구든지 엎드려 절하지 아니하는 자는 맹렬히 타는 풀무불 가운데에 던져 넣음을 당하리라 하지 아니하셨나이까"

다니엘의 세 친구처럼 온갖 협박과 고문과 풀무불에 던질 수는 있어도 강제로 666을 받게 할 수는 없다.

하나님이 주신 생명을 빼앗을 권한이 사탄에게는 없다.

생명은 하나님께 있다. 그러므로 천국과 지옥은 본인 선택에 달려 있는 것이다. 예수를 버리고 짐승을 섬기겠다고 대답하는 자와 짐승과 우상에게 무릎을 꿇고 머리를 조아리는 자에게 이마나 오른손에 666표를 삽입하고 경제권을 풀어 줄 것이다.

짐승의 표인 666을 받을 것인지, 아니면 순교를 하거나 믿음을 지키고 보호처에 들어갈 것인지는 본인 선택이다.

지위 고하를 막론하고 누구든지 짐승과 우상에게 경배하는 자에게만 짐승은 자기 것이란 표를 줄 수 있다. 당연하지 않는가. 자기 것이 아닌데 어찌 자기 것이라 표시를 할 수 있겠는가?

하나님이 내 것이란 인을 치시면 사탄이 하나님 것을 건드릴 수 없는 것처럼 사탄도 내 것이란 인을 치면 영원히 사탄 것이 되는 것이다.

이것이 666 짐승의 표인 것이다.

예수가 아닌 짐승을 믿고 섬기겠다고 선택한 자에게는 666표를 주고 이 표를 받은 자에게만 경제활동을 할 수 있도록 허락할 것이다.

반대로 누구든지 예수를 부인하지 않고 짐승과 우상에게 경배하지 않는 자에게는 강제로 끌고 와서 666을 표시할 수 없다.

길가는 자를 붙들고 싫다는 사람에게 억지로 666을 박아 넣거나 속여서 받게 할 수는 없다는 것이다.

이 점은 걱정 안 해도 된다. 안심하라.

절대 자신이 허락하지 않는 한 666표를 몸에 놓을 권한이 짐승에겐 없다는 것을 기억하라.

백신에 666을 집어넣고 본인도 모르게 주사할 순 없다는 것이다.

그 시대에 짐승의 우상에게 절하지 않는 자는 하나님을 믿는 자 외엔 없다.

다시 말하지만 아무리 적그리스도라 할지라도 아무리 거짓 선지자고, 우상이라 할지라도 고문하고 죽는 데 끌고 갈 수는 있어도 강제로 666을 받게 할 수는 없다.

하나님은 사람의 생명을 이렇게나 귀하게 생각하신다.

본인이 살기 힘들다는 핑계로 666을 허락하기 때문에 짐승이 사람의 몸에 손을 대는 것이다.

그러므로 짐승에게 절하라고 시키고 우상을 섬기라고 강요하면서 베리칩을 맞지 않을 때는 모든 경제권을 빼앗겠다.

특히, 예수를 믿으면 죽이겠다고 협박하면 말할 것도 없이 베리칩은 666, 짐승의 표다.

하지만 카드처럼 필요에 의해 받을 사람은 받고 받지 않을 사람은 받지 않아도 사는 데 문제가 없고, 예수 믿는 데 문제가 없다면 이는 666이 아니라는 말이다.

또 위기를 모면하기 위해 666을 받고 나서 적당한 때 666표를 문신 지워 버리듯이 수술로 제거해 버리고 예수께 돌아가자 하는 자가 있을 수도 있을 것이다.

한번 몸속에 박아 넣은 666은 단순히 문신 같은 것이 아니다. 짐승의 표다. 영혼을 사탄에게 판 것이기 때문에 영원히 되돌릴 수 없다.

다시는 예수께 돌아갈 수 없기 때문에 천국에 갈 수 없다.

## 5) 지금은 준비 단계이다. 준비를 해야 후 3년 반에 쓸 수 있기 때문이다

### ① 마지막 때 권력을 손에 쥐는 자는 종교 지도자다

그때는 어이없게도 두 짐승이 권력을 잡는다.

두 짐승 중에 땅의 짐승인 거짓 선지자는 종교 지도자 중에서 나올 것이다. 땅의 짐승은 거짓 종교 지도자이다.

### ② 모든 결제 수단은 666표로 결제하는 시대가 곧 온다

짐승의 표를 받아야만 살 수 있는 세상, 사탄이 다스리는 세상이 곧 온다.

지금까지 돈으로 하던 모든 것을 손이나 이마에 넣은 표로 한다. 이렇게 되기까지 세상은 점점 더 악해질 것이다.

세계 어디를 가도 666을 받지 않으면 아무것도 할 수 없다. 이 표가 없으면 살아갈 수가 없다.

모든 사람이 앞다투어 편리성과 안전성 때문에 그리고 살기 위해 짐승과 우상에게 절하는 것쯤 가볍게 생각할 것이다.

먹을 것 앞에, 자신이 살기 위해선 예수가 무슨 소용이냐며 하나님을 부인하고 666표를 받을 것이다. 666을 받지 않으면 굶어 죽는다.

666을 받으려면 먼저 하나님을 버리고 짐승에게 절하고 우상을 섬겨야 한다는 전제 조건이 붙어 있다.

간혹 가족 때문에 협박에 못 이겨 666을 받는 자도 있을 것이다. 이는 자신의 영혼을 사탄에게 파는 일이다. 절대 해선 안 된다.

### ③ 짐승의 표, 666을 받게 되면 짐승처럼 변하게 된다

짐승의 표를 받으면 사람의 모습이 짐승처럼 변한다기보다는 화인 맞은 양심이 되어 짐승처럼 행동하는 것을 말한다.

666 짐승의 표를 받으면 이성은 마비되고 짐승처럼 된다.

마치 악마처럼 행동하는 사람들처럼 666을 받은 자들은 모두 짐승이나 악마처럼 행동할 것이다. 666이 그렇게 만들 것이다.

도덕이나 양심, 윤리는 사라지고 짐승을 위해서는 무엇이든 한다.

작은 사탄이 되어 큰 사탄이 시키는 일은 무엇이든 한다.

자살하는 사람은 '뛰어내려! 죽어!' 마음속에서 속삭이고, '저 사람 죽여! 죽여!' 귀에서 속삭이는 소리를 듣고 죽인다고 말하는 것을 듣는다. 666표를 받으면 사탄이 사람의 마음을 조정하기 때문에 사탄의 꼭두각시가 된다. 종이 된다.

이렇게 되는 것이 짐승처럼 변한다는 말이다.

## ④ 아버지가 아들을, 아들이 아버지를 잡아먹는 지경까지 이른다

* 겔5:10: "그러한즉 네 가운데에서 아버지가 아들을 잡아먹고 아들이 그 아버지를 잡아먹으리라 내가 벌을 네게 내리고 너희 중에 남은 자를 다 사방에 흩으리라"

아버지가 아들을, 아들이 아버지를 잡아먹을 만큼 먹을 게 없는데 무슨 짓을 못 할까?

* 막13:12-13: "형제가 형제를 아버지가 자식을 죽는데에 내주며 자식들이 부모를 대적하여 죽게 하리라, 또 너희가 내 이름으로 말미암아 모든 사람에게 미움을 받을 것이니 끝까지 견디는 자는 구원을 받으리라"

666표를 받지 않은 자는 의식주 해결이 안 되기 때문에 예수를 버리고 짐승의 표를 받게 된다.

또, 후 3년 반 시대가 되면 예수 믿는 사람 외에는 666을 안 받을 이유도 없고, 안 받는 사람도 없다.

이런 말씀을 모른다면 아무런 희망도 없고, 의식주가 해결되지 않는 세상에서 언제까지 짐승에게 머리를 숙이지 않을 수 있겠는가?

안 받으면 죽이고, 굶어 죽는데….

그러나 666을 받는 사람은 지옥의 불구덩이 속에서 영원토록 고통을 받는다는 것을 꼭 기억하고 죽을지언정 인내하라.

그럼 보호처로 갈 수 있는 길이 열릴 것이다.

# D. 엉뚱한 데서 고생하는 자들

## 1) 내 백성아 거기서 나오라

### ① 죄악의 소굴에서 나오라

* 계18:4: "또 내가 들으니 하늘로부터 다른 음성이 나서 이르되 내 백성아 거기서 나와 그의 죄에 참여하지 말고 그가 받을 재앙들을 받지 말라"

죄악의 소굴에서 나와 죄에 참예하지 말고(동참) 재앙을 받지 말라는 말씀으로 연결된다.

순수하게 신앙생활을 잘하던 사람이 죄악의 도시로 들어가서 믿음을 빼앗기는 재앙을 만나지 말라는 뜻이다.

직장 때문에 도시로 들어오고, 사업 때문에 도시로 들어와서 믿음을 잃어버리는 경우가 많다. 그럼 직장도 사업도 갖지 말라는 말인가?

열심히 하되 죄악에 동참하지 말고, 신앙 양심과 믿음을 지키라는 뜻이다. 또 지금 다니는 교회가 믿음 생활하는 데 문제가 있다면 당연히 생각해 봐야겠지만, 신앙생활을 잘하고 있다면 괜히 큰 교회, 여러 가지 조건에 끌려 교회를 옮기거나 교회 건물을 보고 또는 유명인이 다니는 교회라 하여 옮겨 다니지 말라는 것이다. 있는 자리에서 충성하라.

## ② 666표를 받지 않기 위해 산으로 간 자들

\* 눅21:20-22: "너희가 예루살렘이 군대들에게 에워싸이는 것을 보거든 그 멸망이 가까운 줄을 알라, 그때에 유대에 있는 자들은 산으로 도망갈 것이며 성내에 있는 자들은 나갈 것이며 촌에 있는 자들은 그리로 들어 가지 말지어다, 이날들은 기록된 모든 것을 이루는 징벌의 날이니라"

인적이 드문 산속에 들어가 666을 받지 않고 휴거될 때까지 견디겠다는 것은 위험천만한 생각이다.

이런 분들에게 전한다.

이제까지 알고 있던 말씀을 내려놓고 처음부터 성경을 다시 보고 기도를 다시 하면 주께서 인도해 주실 줄 믿는다.


## ③ 성경 말씀은 잘 해석해야 한다

설마 하나님이 말세에 산으로 도망해야 산다고 하셨겠는가?

이 말씀은 그런 말씀이 아니다.

하나님은 이렇게 숨어서 주님을 맞이하라 말씀하지 않으셨다.

"유대에 있는 자들은 산으로 도망갈 것이며" 산은 위성으로 찍어도 나오지 않는다는 깊은 산속이 아니라 시온산, 하나님이 계신 곳을 말한다. 말세에는 날마다 하나님이 계신 교회를 향해 올라가는 믿음이어야 살 수 있다. 교회에는 말씀이 있어서 생명이 살 수 있기 때문이다.

그러나 666시대에는 말씀드린 대로 교회는 없어졌거나 있어도 시온산 역할을 못 한다. 한마디로 교회 구실을 못한다.

666시대에 시온산, 하나님이 임재해 계시는 산은 어디일까? 어디로 가야 할까? 그 산은 믿음의 산이다.

힘들어도 말씀과 믿음, 주님이 계신 심령의 산으로 도망해야 한다.

절대로 엉거주춤 세상에 남아 있거나 세상에 미련을 두지 말고 주께로 가야 살 수 있다.

"성내에 있는 자들은 나갈 것이며 촌에 있는 자들은 그리로 들어가지 말지어다" 성내는 도시를 말하고 촌은 시골을 말함이 아니라 현재 믿음의 장소를 말한다.

소돔과 고모라와 같은 죄악의 도시에 빠져 있지 말고, 롯이 소돔성에서 빠져나온 것처럼 죄의 소굴에서 나와서 시온산, 하나님을 향해 도망치라는 것이다. 롯은 하나님을 만날 수 있는 시온산, 아브라함 곁이 아니라 실제로 눈에 보이는 산으로 도망가서 죄를 지었다.

## 2) 실제로 산으로 들어가 자급자족하며 사는 자들은 생각보다 많다

### ① 열심인 자들이 산으로 들어갔다

안타깝게도 말세에 관심이 많고, 믿음이 좋았던 사람들이 산으로 많이 들어갔다. 쫓아다니며 말세에 관해 공부할 만큼 열정적이고 교회에서도 중추적인 역할을 했던 그리스도인들이 산으로 많이 들어간 것으로 안다.

모든 삶을 정리하고 산속으로 들어간다는 것은 쉽지 않은 결정이다.

그들이 들어간 이유는 나름대로 있다.

말씀을 문자적으로 보면 산으로 도망하라 말씀하셨고, 성내에 있는 자들은 나가라 하셨고, 촌에 있는 자들은 그리로 들어가지 말라 말씀하셨다. 그러다 보니 많은 이들이 산속으로 들어가 두문불출하는 것을 본다. 그들은 레이더에도 잡히지 않는다는 사각지대를 택해 들어갔다.

재산을 정리하고 소집단으로 모여 농부처럼 농사일을 배우고 익혀 직접 생산한 것으로 자급자족하며 산다.

왜냐하면, 666시대가 두렵기 때문이다.

666을 받지 않고 어떻게든 예수님 오실 때까지 견뎌야 한다는 생각에서일 것이다.

아직은 편안한 시기라 농사지은 것을 판매도 하는 것으로 안다.

씨앗을 보존하고 때가 되면 자신들만을 위해 농작물을 보관할 것이다. 이들은 사회생활을 하지 않기 때문에 산속으로 들어가는 순간부터 세상과는 단절이 되는 것이다.

적그리스도 시대가 와도 도시에서 생활을 하지 않기 때문에 그들의 존재를 찾을 수 없게 하고, 먹거리 때문에 666을 받지 않아도 된다는 생각에서다.

언제까지? 예수님 재림 때까지. 살아남기 위해 위성에도 잡히지 않는다는 산속이나 계곡을 택해 들어간다.

아이들도 사교육 없이 학교가 끝나면 곧바로 산으로 귀가해서 그곳의 아이들과 노는 것을 봤다.

자기들만을 위한 예배처를 짓고 저녁이면 모여 예배를 드리고, 낮이면 분업화해서 농사일을 한다.

재림 전 이 세상에서의 마지막 살 장소로 정하고 들어간 자들이다.

그 수고와 고생과 결단은 높이 살만하다. 아무나 이렇게 할 수 없기 때문이다. 그러기에 더 안타깝다.

하지만 이해가 되는가? 19, 20세기라면 모를까, 지금은 그런 시대가 아니다. 북한의 핵 시설을 위성으로 찍으면 트럭이 굴속으로 왔다 갔다 하는 것이 보이고, 쌓여 있는 흙이 언제 작업한 것이라는 것까지도 확인된다. 사람이 왔다 갔다 한 흔적까지도 다 보이는 시대다.

지진으로 길이 막혀 차도 들어갈 수 없는 두메산골이나 물난리가 났을 때 위성으로 피해 사항을 파악해 보험금 지급까지 하는 시대다.

하물며 적그리스도 시대는 사람에 의해 움직여지는 세상이 아니다. 사탄이 지배하는 세상이다. 사탄은 영이다. 영의 지혜를 어찌 사람이 뛰어넘겠는가, 영이 사람의 과학보다 못 하겠는가?

다시 기도하고 성경을 묵상해 보시기 바란다.

## ② 666시대에 어딘가에 숨어서 살아 보겠다는 생각은 잊어라

\* 마24:24: "거짓 그리스도들과 거짓 선지자들이 일어나 큰 표적과 기사를 보여 할수만 있으면 택하신 자들도 미혹하리라"

\* 27: "번개가 동편에서 나서 서편까지 번쩍임 같이 인자의 임함도 그러하리라"

확실히는 알 수 없지만, 전 3년 반 기간에는 두메산골 어딘가에 숨어서 자급자족하며 살 수 있을지도 모른다.

하지만 이렇게 산속에 있다 해도 휴거는 이미 된 상태고, 두 증인의 말씀마저 들을 수 없다. 물론 이들 중에 휴거될 자도 있겠지만, 많은 이들이 보호처에 들어가기도 힘들 것이라 생각한다.

말씀을 마음에 새기시길 바란다.


## ③ 그들이 결심하고 산으로 들어가게 된 원인은 무엇일까?

대환난이 무서워 미리 도망가 숨을 장소를 찾아간 것이다.

666을 받지 않을 자신도 없고, 믿음을 지킬 자신도 없다.

이들은 자신의 생명은 자신이 지켜야 한다고 생각하는 것이다.

결과적으로 말씀을 잘못 알고 있거나 일부만 알았기 때문이다.

예수님 재림이 666시대를 지난 후라 믿기 때문에 그때까지 어떻게든 견뎌야 한다는 생각에서일 것이다.

그러나 공중 재림은 적어도 666시대를 지나서는 아니라는 것이다.

이런 용기만큼 믿음이 있다면 무얼 못 하겠는가?

귀신도 때려잡을 것이다.

### ❖ 주님은 말씀하신다.

인자가 임할 때 세상은 노아시대와 같다 말씀하신다.

* 마24:38-39: "홍수전에 노아가 방주에 들어가던 날까지 사람들이 먹고 마시고 장가들고 시집가고 있으면서, 홍수가 나서 그들을 다 멸하기까지 깨닫지 못하였으니 인자의 임함도 이와 같으리라."

일하는 현장에서 그 일이 세상일이든, 주의 일이든 일하는 현장에서 들림 받고 버림받을 것이라 말씀하신다.

어딘가에 숨어서가 아니라 당당하게 주의 영광을 위해 자신에게 맡겨진 일에 충성하는 자가 휴거될 것이다.

지금이라도 주의 영광을 위해 세상에서 열심히 뛴다면 왕 같은 제사장 자리도 바라볼 수 있을 것이다.

### ❖ 만약 공중 재림과 지상 재림 2번의 재림을 믿는데도 666시대를 이렇게 준비한다면 매우 어리석은 자거나 말씀을 잘못 알고 있는 자다.

두 번의 재림을 믿는다면 왜 먼저 있을 재림을 준비할 생각을 못 하고 위험천만한 길을 가는 걸까? 안타깝다.

성경 말씀을 자세히 보라. 공중 재림과 지상 재림, 예수님은 2번 재림하신다. 누가 무슨 말로 피신해야 살 수 있다 해도 속지 말라는 당부를 드리고 싶다. 다시 말하지만, 휴거는 숨어서가 아니라 충성하며 일하다 공중으로 들려 올라가는 것이다.

## ④ 휴거는 주님 오시는 그 날까지 각자 받은 달란트대로 일하는 현장에서 들림 받는 것이다

* 마24:40-42: "그때에 두 사람이 밭에 있으매 한 사람은 데려가고 한 사람은 버려둠을 당할 것이요, 두 여자가 맷돌질을 하고 있으매 한 사람은 데려가고 한 사람은 버려둠을 당할 것이니라"

주의 말씀대로 자신이 맡은 일을 열심히 하는 가운데 들림 받는다.

가족도, 직장도, 이웃도 다 버리고 혼자 들림 받으라 말씀하지 않으셨다. 그런데 처음부터 믿음의 초점이 666을 받지 않는 쪽으로 성경을 이해하고 준비하기 때문에 기껏해야 666을 받지 않는 것이 목표다.

당연히 들림 받기 어렵다.

또 무서워 산으로 들어간 자들은 전 3년 반에 두 증인의 말씀을 전혀 들을 수 없기 때문에 만에 하나인 그다음을 기약하기도 어렵다.

미안하지만 산속으로 들어간 자들은 그럴듯한 말에, 더 정확히 말하면 미혹의 영에 속아 넘어간 것이다.

전 3년 반은 옛날처럼 농사를 지어 먹고 살 수 있을지 몰라도, 후 3년 반에는 어림없는 일이다. 사탄의 세상인데 가능하겠는가?

누구의 말을 믿지 말고 성경에서 계시록 말세를 보는 것이 가장 정확하고 지혜로울 것이다.

왜냐하면, 성경 자체만이 하나님의 말씀이다. 수천 년이 지나도, 아니 영원히 일점일획도 변하지 않는 진리이기 때문이다.

사람은 주님 재림만 모르는 것이 아니라 은혜시대가 언제 끝나고 대환난이 언제 시작될지도 알 수 없다. 하나님만이 아신다. 다만 알 수 있는 건 곧 닥칠 것이란 것이다.

성경을 통해 종말 자체를 보는 지혜의 눈이 열리면 잔뜩 겁먹지 않아도 된다. 왜? 알고 준비하면 되니까.

변하지 않는 하나님의 지혜의 말씀으로 세상을 보는 눈과 성경을 보는 눈이 열리길 바란다.

일곱 교회처럼 각 교회나 성도가 책망받는 것을 버리고 믿음을 지키면 666에 떨지 않고 예수님 공중 재림 때 열심히 일하다 들림 받을 수 있을 것이라 확신한다.


⑤ 잠시 더 기다리라

세상과 사람에 속지 말고 오직 말씀으로 무장하고 기다리자.

곧 오실 주님 맞을 준비 합시다.

되돌릴 수 있는 기회는 지금이다.

# 12

이삭줍기, 대접재앙, 큰 음녀, 세상 멸망

# A. 이삭줍기

예수 믿는 성도는 3번에 의해 천년왕국으로 들어가기 위해 안전한 곳으로 이동시키신다.

\* 첫 번째: 휴거시켜 공중으로 들어 올리신다.

\* 두 번째: 보호처로 이동시키신다. 순교자는 자신의 때에 순교하기 때문에 여기에 해당되지 않는다.

\* 세 번째: 마지막 이삭줍기를 하신다.

잃어버린 양 한 마리도 다 찾아 천년왕국에 들여보내시기 위함이다.

## 1) 예수 그리스도께서 믿는 자 마지막 이삭줍기를 하신다

\* 마18:12-14: "너희 생각에는 어떠하냐 만일 어떤 사람이 양 백마리가 있는데 그중의 하나가 길을 잃었으면 그 아흔아홉 마리를 산에 두고 가서 길 잃은 양을 찾지 않겠느냐, 진실로 너희에게 이르노니 만일 찾으면 길을 잃지 아니한 아흔아홉 마리 보다 이것을 더 기뻐하리라, 이와같이 이 작은 자 중의 하나라도 잃은 것은 하늘에 계신 너희 아버지의 뜻이 아니니라"

① 이제 정말로 마지막이다. 이때 예수 믿는 자로서 땅에 남아 있는 자가 있을까? 있다

## ❖ 마지막 순교자가 남아 있다.

이때 남아 있는 순교자는 대단한 믿음의 소유자다. 어떤 두려움에도 꿈쩍 않는 믿음으로 무장한 자이다.

어떤 순교도 하겠다는 소망을 가지고 사는 마지막 순교자가 준비하고 있다. 가장 잔인하게 순교 당하지만 가장 기쁘고 영광스럽게 순교할 자이다. 더 이상 남아 있는 순교자는 없다.

이 마지막 순교자가 순교한다.


## ❖ 마지막 성도가 남아 있다.

이미 예수 믿는 자는 1차 공중으로 휴거되었고, 2차는 666시대에 믿음을 지킨 자들로 보호처로 들어갔다.

아직까지 길 잃은 양처럼 헤매는 자 마지막 추수, 3차 이삭줍기가 남아 있다. 왜 아직까지도 방황하며 고생하고 있을까? 목이 곧아서이다.

한마디로 열매가 덜 익었기 때문에 추수할 수 없었다.

주님은 잃어버린 양 한 마리를 버리지 않으시고 끝까지 기다리셨다.

이 양은 짐승의 표 666을 목숨 걸고 받지 않았다. 지금까지 죽을 고생을 했지만, 늦게나마 턱걸이하듯 이삭줍기로 보호처로 보내진다.

이삭줍기하는 이는 예수 그리스도이시다.

*요6:39: "나를 보내신 이의 뜻은 내게 주신 자중에 내가 하나도 잃어버리지 아니하고 마지막 날에 다시 살리는 이것이니라"

이삭줍기란 추수가 끝나고 한숨 돌린 뒤 혹시 떨어진 이삭은 없는지 혹시 추수하다 빠트린 이삭은 없는지 확인하며 다니다가 하나씩 줍는 것이 이삭줍기다.

예수 그리스도께서는 당신의 백성 한 사람도 남김없이 다 거두시기 위해 마지막 이삭줍기까지 하시는 수고를 아끼지 않으신다.

왜냐하면, 한 생명을 천하보다 귀하게 여기시기 때문이다.

그 마지막 한 사람을 천국으로 데려가기 위해서, 그래서 그 시간까지 수고하고 기다리셨다.

참 고집스럽게도 청개구리 같았던 덜 익은 자가 마지막 시간에 익었다. 떨어진 알곡은 사람들에게 짓밟혀 알아보기 힘들 만큼 구석에 쳐박혀 더럽고 추한 모습에 알아보기조차 쉽지 않았지만, 주님이 불꽃 같은 눈으로 발견해 주셨다. 주님 눈에 띈 그는 참 행운아다.

마치 이 성도는 포도원 문이 닫히는 순간에 들어간 자처럼 마지막 천국 백성이 된 자이다.

그 사람이 나라면, 당신이라면 얼마나 감사할까? 이것이 바로 이삭줍기다. 그럼 그는 어디로 갈까? 당연히 보호처로 들어간다.

이 성도까지 들어가면 보호처의 문은 굳게 닫힌다. 더 이상 보호처로 들어갈 자도 없고, 문이 열릴 일도 없다.

순교자는 순교자로, 마지막 보호처에 들어갈 자는 보호처로 들여보내는 추수가 마지막 추수, 이삭줍기다.

❖ **십사만 사천이 남아 있다.**

이들은 예수님 지상 재림하실 때 사명이 있기 때문에 특별히 하나님의 보호 아래 있는 자들이다(예수님 지상 재림 때 전함).

이제 이 세상에는 예수 믿는 자로서 666을 받지 않은 하나님의 백성은 단 한 사람도 남아 있지 않다.

## 2) 악이 익어 추수가 시작된다

### ① 선한 열매도 악한 열매도 완전히 익어야 추수할 수 있다

* 출9:12: "그러나 여호와께서 바로의 마음을 완악하게 하셨으므로 그들의 말을 듣지 아니하였으니 여호와께서 모세에게 말씀하심과 같더라"

이 말씀을 깨닫게 해 주시기 전에는 여호와께서 바로의 마음을 왜 완악하게 하셨을까? 의문이 들었다.

바로의 완악함보다도 하나님께서 바로의 마음을 더 완악하게 하신 이유를 몰랐다. 그래놓고 그들이 말을 듣지 않았다?

이해가 되지 않았다.

바로가 하나님의 말씀에 순종해서 이스라엘 백성을 빨리 출애굽 시키는 것이 애굽과 바로에게 좋은 일이고 이스라엘 백성에게도 좋은 일인데 하고 생각했었다. 이 고통은 애굽과 이스라엘 모두의 고통이었음에도 10가지 재앙이 끝날 때까지 이루어지지 않았다.

그 답은 계시록에 있다.

* 계14:15-16: "또 다른 천사가 성전으로부터 나와 구름위에 앉은 이를 향하여 큰 음성으로 외쳐 이르되 당신의 낫을 휘둘러 거두소서 땅의 곡식이 다 익어 거둘 때가 이르렀음이니이다 하니, 구름 위에 앉으신 이가 낫을 땅에 휘두르매 땅의 곡식이 거두어지니라"

곡식도 아무 때나 거두는 것이 아니라 익어야 거둔다.

익지 않으면 모양만 곡식이지 내용물은 쓸모없어 버려야 한다.

이때 이스라엘 백성들은 모세를 믿지 못했고, 하나님도 믿지 못했다.

아직 출애굽 할 만큼 익지 않은 것이다.

* 계14:18: "또 불을 다스리는 다른 천사가 제단으로부터 나와 예리한 낫을 가진 자를 향하여 큰 음성으로 이르되 네 예리한 낫을 휘둘러 땅의 포도송이를 거두라 그 포도가 익었느니라 하더라"

악도 익어야 거둔다.

빨리 출애굽 하기 위해선 악도 속히 익어야 했다.

바로가 악하게 굴었지만, 그의 악은 9가지 재앙이 있기까지 덜 익었다.

이때의 바로는 아직 덜 익은 포도 같았다. 덜 익은 포도는 추수할 수 없다. 하나님은 악을 거둘 수 있을 만큼 빨리 익히기 위해 바로의 마음을 더욱더 완악하게 하신 것이다.

익는 순간은 언제였는가? 장자가 죽어 애굽 전체가 애통할 때 그때 두 손 두 발 들었고, 그때 비로소 포도송이를 거둘 만큼, 다시 말해 악을 거둘 만큼 익은 것이다. 하나님은 이때 거두셨다.

때문에 출애굽 할 이스라엘 백성도, 마지막 때 성도의 믿음도, 666을 받은 사람의 악도 익어야 거둘 수 있는 것이다.

이제 악을 추수하신다.

## ② 말굴레까지 피가 흐른다

* 계14:19-20: "천사가 낫을 휘둘러 땅의 포도를 거두어 하나님의 진노의 큰 포도주 틀에 던지매, 성 밖에서 그 틀에 밟히니 틀에서 피가 나서 말굴레에까지 닿았고 천육백스다디온에 펴졌더라"

악은 얼마나 추수될까? 천사가 낫을 휘둘러 땅의 포도송이를 거둔다. 땅에서 마지막 666을 받은 자들, 이들이 받을 대접재앙까지 예수님이 직접 실행하시는 것이 아니라 천사가 실행한다.

이 피는 동물의 피가 아니라 사람의 피다.

사람의 피가 말굴레까지 닿았다는 것은 죽은 사람의 피가 강같이 흘러 전쟁에 나간 군마의 가슴과 배까지 닿았다는 뜻이다.

1,600이란 수는 단순한 계산으로 나오는 숫자가 아니다. 완전수이다. 전 세계가 피로 채워질 것을 뜻한다. 이때 대대적인 추수, 가장 많은 추수를 하신다.

세계 3차 전쟁에서는 1/3이 죽었다. 하지만 이때는 더 많은 사람이 죽을 것이다.

때문에 어느 한 나라만이 아니라 모든 나라가 죽음의 피로 찰 것이다.

세계 어디에 살고 있든지, 666을 받고 이때 죽은 사람의 피가 말 가슴까지 올라온다. 세상 사람이 전멸되다시피 한다.

### ③ 세상이 피바다가 된 후에도 살아 있는 사람들이 있다

어떻게 살아남았을까?

낮은 곳은 전 세계가 말 가슴까지 피로 덮었기 때문에 지형적으로 높은 곳으로 사람들은 올라간다. 산과 굴과 바위틈에 숨었던 자들이 아직 살아 있다. 높은 곳으로 올라간 자들은 임금들, 왕족들, 장군, 부자, 강한 자들이다. 또한, 이들에게 고용된 종과 자유인이다.

이들은 돈과 권력으로 또 두 짐승의 보호 아래 살아남았지만 처참한 모습이다. 이때는 노아 홍수 때처럼 온 세상이 피로 잠기지 않고 말의 가슴 정도로만 세상이 잠기기 때문에 높은 곳으로의 피신이 가능한 것이다.

산으로 올라간 자들은 바위가 자기 위에 떨어져 깔려 죽기를 소원한다. 이제야 어린양, 예수 그리스도의 진노가 두려운 것이다.

그래서 차라리 이것저것 안 보고 죽고 싶은 것이다. 악인들이 당할 고통과 두려움은 극에 달할 것이다.

살아남은 권력자들을 가만두시겠는가?

이때가 되면 자녀들의 아픔을 하나도 빠짐없이 갚아 주신다.

무섭게 공의를 행하신다. 공의는 하나님의 법이다.

하나님은 자신의 법대로 가감 없이 처리하신다. 높은 곳으로 올라가 살아남은 자들은 소수에 불가할 것이다.

# B. 대접재앙

* 계15:1: "또 하늘에 크고 이상한 다른 이적을 보매 일곱 천사가 일곱 재앙을 가졌으니 곧 마지막 재앙이라 하나님의 진노가 이것으로 마치리로다"

대접재앙이 마지막 재앙이다.

대접재앙은 천국 백성과는 상관없는 재앙이다. 모두 들림 받았거나 보호처로 들어갔기 때문에 걱정 안 해도 된다.

666을 받은 불신자에게 가차 없이 내려지는 재앙이다.

이제 일곱 대접재앙을 가진 천사들이 등장한다.

한 재앙, 한 재앙 대접을 쏟을 때마다 세상과 짐승의 표를 받은 자들이 고통스럽게 죽어간다. 생명이 끊어질 때까지 재앙을 내리신다.

왜냐하면, 하나님의 백성은 단 한 사람도 남김없이 다 추수했기 때문에 봐줄 이유가 없다.


❖ 일곱 대접재앙을 마지막으로 이 세상은 완전히 멸망하고 하나님의 진노도 끝난다.

  ✳ 하나님 나라는 시작도 없고 끝도 없이 영원하다.

  ✳ 사탄의 나라는 시작은 있으나 끝이 없이 영원하다.

  ✳ 세상 나라는 천지창조의 시작이 있었으니 끝도 있다. 그러므

로 이 세상은 대접재앙으로 종말을 맞는다.

아담에게 생기를 넣으시고 생령의 사람이 되어 생육하고 번성하게 하셨으니 마지막엔 그 생령을 전부 거둬들이신다.

또 생령을 팔아먹는 자들은 하나님의 공의에 따라 영원히 대가를 치른다. 이 종말이 오는 것이다.

## 1) 첫째 대접재앙: 독한 종기

### ① 첫째 대접재앙에 악하고 독한 종기는 어떤 자에게 생길까?

\* 계16:1-2: "또 내가 들으니 성전에서 큰 음성이 나서 일곱 천사에게 말하되 너희는 가서 하나님의 진노의 일곱 대접을 땅에 쏟으라 하더라, 첫째가 가서 그 대접을 땅에 쏟으매 짐승의 표를 받은 사람들과 그 우상에게 경배하는 자들에게 악하고 독한 종기가 나더라"

이때의 이 세상엔 666을 받은 자들과 두 짐승 그리고 사탄과 그의 사자들이 있을 뿐이다. (보호처는 이 세상에 있긴 하지만 별도로 하나님이 정하신 특별한 곳에 있기 때문에 해당 사상이 없다.)

이들에게 하나님이 진노의 재앙, 독한 종기가 생기는데 모두 지옥 갈 자들에게 생긴다. 죽음과 같은 고통이 온다.

하나님은 이제부터 용서 없는 재앙, 공의의 재앙을 세상에 아낌없이 쏟아부으신다. 사람뿐 아니라 땅도 산도 바다에도 재앙이 쏟아진다. 마지막 대접재앙은 죽음을 동반한다.

이제 악도 다 익었으니 추수가 시작되는 것이다.

## 2) 둘째 대접재앙: 바다가 종말을 맞는다

### ① 물고기가 죽어 피바다가 된다

* 계16:3: "둘째 천사가 그 대접을 바다에 쏟으매 바다가 곧 죽은 자의 피같이 되니 바다 가운데 모든 생물이 죽더라"

천사가 대접을 바다에 쏟으매 모든 바다가 피가 된다.

나팔 재앙 때는 바다 피조물 1/3이 죽는다. 그러나 대접재앙 때는 바다에 사는 모든 생물이 다 죽는다. 바다가 죽었고, 그 안에 사는 모든 생물이 죽더라. 이로써 모든 바다가 종말을 맞는다.

## 3) 셋째 대접재앙: 강과 물 근원이 종말을 맞는다

### ① 셋째 천사가 대접을 강과 물 근원에 쏟자 물 근원지가 모두 피로 변한다

* 계16:4-7: "셋째 천사가 그 대접을 강과 물 근원에 쏟으매 피가 되더라, 내가 들으니 물을 차지한 천사가 이르되 전에도 계셨고 지금도 계신 거룩하신 이여 이렇게 심판하시니 의로우시도다, 그들이 성도들과 선지자들의 피를 흘렸으므로 그들에게 피를 마시게 하신 것이 합당하니이다 하더라, 또 내가 들으니 제단이 말하기를 그러하다 주 하나님 곧 전능하신 이시여 심판하시는 것이 참되시고 의로우시도다 하더라"

사람이 살아가는 데 근원이 되는 강과 샘이 피로 변하는 재앙이다.

사람뿐 아니라 모든 생명체가 살아가는 필수조건이 물인데, 물의 근원지가 전부 피가 된다.

사람들은 갈증에 목이 타서 어쩔 수 없이 핏물을 마시고 죽는다.

이렇게 되는 이유는 순교자들이 피를 흘리며 죽었기 때문이고, 지구상의 믿음의 자녀들을 피를 말리듯 괴롭혔기 때문이다.

자녀들의 고통당함을 다 갚아 주시는 하나님이시다.

이로써 모든 강과 물 근원지가 종말을 맞는다.

## 4) 넷째 대접재앙: 태양이 종말을 맞는다

### ① 넷째 천사가 대접을 해에 쏟는다

* 계16:8-9: "넷째 천사가 그 대접을 해에 쏟으매 해가 권세를 받아 불로 사람들을 태우니, 사람들이 크게 태움에 태워진지라 이 재앙들을 행하는 권세를 가지신 하나님의 이름을 비방하며 또 회개하지 아니하고 주께 영광을 돌리지 아니하더라"

현대인들은 해마다 점점 더 뜨거워지는 여름을 맞이한다. 이제는 화상을 입을 정도로 뜨거워져 낮에는 밖에 나가지 말라는 뉴스를 접하기까지 한다.

태양이 점점 뜨거워질 거라는 과학자의 설명이 아니라도 지금은 누구나 아는 상식이 된 지 오래다.

이 징조는 벌써 일어난 지 오래되었다. 해마다 온난화 현상이 심해지고 자연환경 파괴로 여름은 40도를 넘어 50, 60도를 향해 가고 있다.

만년설은 녹아내리고 세상은 점점 더 뜨거워질 것을 예고하고 있다.

넷째 대접재앙 때는 사람들이 태양열에 타 죽는다. 지금 그 길로 달려가고 있는 중이다.

❖ **태양은 넷째 대접재앙 때 종말을 맞는다. 하지만 해가 없어지는 것이 아니라 새롭게 변화되어 천년왕국에서 재사용될 것이다.**

* 벧후3:7: "이제 하늘과 땅은 그 동일한 말씀으로 불사르기 위하여 보호하신바 되어 경건하지 아니한 사람들의 심판과 멸망의 날까지 보존하여 두신 것이니라"

경건하지 아니한 사람들의 심판과 멸망의 날까지 하늘과 땅을 보존한다는 말씀은 천년왕국 때까지 보존된다는 뜻이다.

그래야 살 수 있는 자들이 있기 때문이다.

그러므로 바다, 강, 태양, 하늘과 땅이 대접재앙 때 종말을 맞는다는 말은 자연이 이 세상에서 아예 없어지는 종말이 아니라는 것을 전한다.

천지창조 때부터 대접재앙 때까지 사용하던 기능이 종말을 맞는 것이다.

땅만 리모델링되는 것이 아니라 해, 바다, 강과 물샘도 리모델링될 것이다.

천년왕국을 위해 이 모든 자연은 재사용할 수 있도록 보존되는 것이다. 새롭게 변화된 새 땅에서 천년왕국이 이뤄지는 것처럼 해도 새롭게 변화되어 천년왕국에서 재사용될 것이다.

그 후 새 하늘과 새 땅 시대가 올 때 전부 불에 타 없어진다. 이 해가 되시는지.

## 5) 다섯째 대접재앙: 짐승의 왕좌가 종말을 맞는다

### ① 다섯째 대접이 짐승의 왕좌에 쏟아지자 곧 어두워졌다

* 계16:10-11: "또 다섯째 천사가 그 대접을 짐승의 왕좌에 쏟으니 그 나라가 곧 어두워지며 사람들이 아파서 자기 혀를 깨물고, 아픈 것과 종기로 말미암아 하늘의 하나님을 비방하고 그들의 행위를 회개하지 아니하더라"

짐승의 왕좌에 대접을 쏟으니 그 나라가 어두워진다.

생명이 없는 세상, 소망이 없는 세상에서 이들이 고통에 떠는 것이다. 죄의 값은 사망이다. 이 말씀이 이루어지는 것이다.

이전의 여러 가지 재앙들이 추가되고 추가되면서 죄의 값이 죽음으로 오는 것이다.

아직 살아 있는 사람들은 말할 수 없는 고통을 겪으면서도 말 한마디 자유롭게 하지 못한다. 왜냐하면, 짐승이 다스리는 세상이기 때문이다.

짐승이 늘 감시하고 있기 때문이다.

666을 받은 자들은 하나같이 짐승의 통제 속에 살아야 하고 짐승과 우상을 섬겨야 하는데 그들에게 무슨 말을 하겠는가?

말을 하면 더 큰 고통이 오기 때문에 입을 닫는 방법으로 차라리 자기 혀를 깨물어서 스스로 말을 할 수 없게 만드는 것이다.

아무리 괴로워도 말 한마디 할 수 없는 시대가 짐승이 다스리는 시대다.

## 6) 여섯째 대접재앙: 아마겟돈 전쟁으로 사람이 종말을 맞는다
### ① 독한 종기에 고통당하던 자들이 전쟁이 참여한다

* 계16:12-16: "또 여섯째 천사가 그 대접을 큰강 유브라데에 쏟으매 강물이 말라서 동방에서 오는 왕들의 길이 예비되었더라, 또 내가 보매 개구리 같은 세 더러운 영이 용의 입과 짐승의 입과 거짓 선지자의 입에서 나오니, 그들은 귀신의 영이라 이적을 행하여 온 천하 왕들에게 가서 하나님 곧 전능하신 이의 큰 날에 있을 전쟁을 위하여 그들을 모으더라, 보라 내가 도둑같이 오리니 누구든지 깨어 자기 옷을 지켜 벌거벗고 다니지 아니하며 자기의 부끄러움을 보이지 아니하는 자는 복이 있도다, 세 영이 히브리어로 아마겟돈이라 하는 곳으로 왕들을 모으더라"

짐승의 표를 받은 이들은 여러 가지 재앙과 특히 자연이 종말을 맞자 악이 오를 대로 올랐다.

유브라데 강물이 넘칠 때는 길이 없더니 강물이 마르니 길이 생겼다. 이때까지 살아남은 모든 사람이 아마겟돈으로 모여들었다.

## ② 마지막 전쟁, 아마겟돈 전쟁이 일어난다

역사적으로 아마겟돈은 므깃도를 말한다. 이곳은 많은 전쟁이 있었던 곳이다. 그러나 마지막 때 아마겟돈 전쟁이란 지리적인 어느 장소를 말함이 아니라 그만큼 치열한 죽음의 장소를 말한다.

하나님께서 사탄의 세력을 파멸시킬 종말에 있을 마지막 전쟁이다.

지상 재림 전에, 하나님의 세력과 사탄의 세력과의 전쟁이다.

유브라데 강이 마르자 핏물이 말라 강바닥이 붉게 변한 그곳으로 전쟁을 하기 위해 남아 있는 사람들이 모였다.

사탄과 두 짐승이 시끄럽게 떠들어대면 우상들이 떠들어대고, 그러면 짐승의 표를 받은 왕들이 떠들어대고, 왕들이 모이면 666을 받은 모든 사람이 모여든다.

싸우는 대상은 감히 하나님과 전쟁을 하려는 것이다.

이 전쟁에서 당연히 하나님이 승리하신다. 이 전쟁이 마지막 전쟁, 아마겟돈 전쟁이다. 아마겟돈 전쟁에서 모든 사람이 전멸한다.

## 7) 일곱째 대접재앙: 공중과 땅이 종말을 맞는다
### ① 공중과 이 세상에 내려지는 마지막 재앙이다

* 계16:17-21: "일곱째 천사가 그 대접을 공중에 쏟으매 큰 음성이 성전에서 보좌로부터 나서 이르되 되었다 하시니, 번개와 음성들과 우렛소리가 있고 또 큰 지진이 있어 얼마나 큰지 사람이 땅에 있어 온 이래로 이같이 큰 지진이 없었더라, 큰 성이 세갈레로 갈라지고 만국의 성들도 무

너지니 큰 성 바벨론이 하나님 앞에 기억하신바 되어 그의 맹렬한 진노의 포도주 잔을 받으매, 각 섬도 없어지고 산악도 간데없더라, 또 무게가 한 달란트나 되는 큰 우박이 하늘로부터 사람들에게 내리매 사람들이 그 우박의 재앙 때문에 하나님을 비방하니 그 재앙이 심히 큼이러라"

## ❖ 대접을 공중에 쏟는다, 왜 공중에 쏟을까?

공중은 공중 권세 잡은 자가 있던 곳이다.

사탄의 권좌가 있던 공중은 하늘전쟁 때 이미 쑥대밭이 되었다.

그런데 일곱째 대접재앙 때 또다시 공중에 대접을 쏟을 때 큰 지진과 우박이 쏟아진다. 이는 전쟁이 아니다. 폐허나 다름없는 공중에 대접을 쏟아부어 재로 만드는 것이다.

사탄의 권좌가 있던 곳에 마지막 일곱째 대접재앙이 내려진다.

이때 이 세상에 들리는 소리는 뇌성(천둥), 번개, 우렛소리(동물 수컷이 암컷을 부르는 소리)가 어느 지역만이 아니라 온 천지, 전 세계를 뒤덮는 엄청난 소리가 들릴 것을 말씀한다.

"사람이 땅에 있어 온 이래로 이같이 큰 지진이 없었더라" 이 말은 세상이 생긴 이래, 즉 천지창조 이후 처음 있는 대지진, 천재지변이란 뜻이다. 얼마나 대단하면 사탄의 권좌가 있던 공중에 쏟아부은 대접이 까마득히 먼 이 세상에서도 천지를 뒤흔들어 지진이 일어나고, 그 지진으로 말미암아 세 갈래로 땅이 갈라지게 된다.

세상 나라들이 큰 성 바벨론이 무너지듯이 대지진에 무너질 것이다.


## ② 한 달란트나 되는 우박이 땅에 내린다

한 달란트는 34.27kg다. 이런 우박이 내려도 죄를 회개하지 않고 하나님을 비방한다.

이유는 모두 666을 받아 화인 맞은 양심이 되었기 때문이다.

하늘에서 34k의 우박이 내려올 수도 있고, 내려오면서 중력에 가속도가 붙어 34kg의 무게가 실릴 수도 있을 것이다.

야구공만 한 우박이 미국에 떨어진 적이 있다. 승용차 유리가 깨지고 건물 벽이 우박에 맞아 벌집처럼 되었다.

34k나 되는 우박이 떨어지면 어찌 되겠는가? 상상이 가는가?

짐승의 세력들과 하나님을 대적하던 그 어떤 것도 다 깨어질 것이다.

나라들은 전부 파괴되어 흑암의 공중과 땅이 종말을 맞을 것이다.


## ③ 큰 성이 3갈래로 갈라진다

현대 과학적으로도 알 수 있다. 지구 표면은 몇 개의 판으로 형성되어 있다. 이 지구의 표면이라고 말하는 껍데기는 딱딱한 판(땅)으로 이루어져 있다.

지구 표면, 즉 이 땅에서는 수많은 생물이 살아간다. 하지만 땅 밑에는 고온의 맨틀이 땅을 받치고 있다. 마치 물 위에 떠 있는 뗏목과 같은 구조를 하고 있다.

뗏목이 물의 흐름에 따라 움직이듯이 대륙은 지구 내부의 운동에 따라 끊임없이 판을 움직이면서 지구의 모습을 변형시킨다.

지구는 땅에서부터 지각, 맨틀, 외핵, 내핵으로 되어 있다. 말씀대로 지구의 지각변동이 일어날 것을 말씀한다.

지구의 주요 큰 판은 6개 판이다

오스트레일리아판, 아프리카판, 유라시아판, 태평양판, 남극 대륙판, 아메리카 판이다.

또 소규모 판 7개 판이 있다.

필리핀판, 니즈카판, 아라비아판, 인디아판 코코스판, 카리브판, 마리아나판이 있다. 합해서 13판이 서서히 움직인다.

지진과 화산, 자연재해가 일어날 때마다 땅에서는 수많은 사람이 죽고 도시가 무너진다.

서서히 가라앉는 나라도 있고 하나였던 땅이 갈라져 두 개로 나누는 나라도 있다.

이것은 과학으로 밝혀지는 지구의 모습이다.


❖ "큰 성이 세 갈래로 갈라지고 섬도 없어지고 산도 없어진다"

하늘에선 천둥과 번개가 치고 그로 인하여 큰 지진이 일어난다.

공중과 땅을 동시에 갈아엎으시는 것이다.

13개 판이 세 갈래로 만들어지려면 판끼리 부딪치고 떨어져 나갈 것은 떨어져 나가고 붙을 것은 붙을 것이다.

평행을 이루던 판이 어느 것은 밑으로 들어가고 어느 판은 위로 솟아오르면서 나라 전체가 땅속에 묻히기도 하고 없던 땅이 튀어 올라 산과 들이 생기기도 할 것이다.

지금도 점점 강도 높은 화산과 지진이 오고 있지만, 이는 시작에 불과하다.

마지막 때는 섬도 없어지고, 산도 없어지면 나라도 없어질 것이고, 그러면 사람인들 온전할 수 있을까?

얼마나 크고 대단한 지진이 올 것인가 하면 사람이 땅에 있어온 이래, 즉 천지창조 이후 처음이자 마지막 대지진이 올 것을 말씀하신다. 세상의 더럽고 추한 것들은 땅속으로 들어가 태우고 녹을 것이다. 당연히 하늘과 땅과 땅속까지 완전히 뒤집힐 것이다.

결국, 땅이 세 갈래로 갈라져 3개 판으로 되기까지 세상은 뒤집힐 것이다. 하나님이 하시는 놀라운 일을 상상해 보라.

## 8) 이 세상 지형과 모든 만물이 새롭게 바뀐다

산도 섬도 없어진다. 이 땅은 새 땅으로 리모델링된다.

이 세상을 새롭게 리모델링하시는 이유는 이 땅에 천년왕국을 세우기 위해서다. 이 세상을 버리실 거라면 무엇하러 새롭게 뜯어고치시겠는가? 그저 하나님의 백성들을 아버지 나라로 데리고 가시고 이 땅은 공중처럼 재로 만들어 버리시면 되지.

그러나 왕이신 예수님이 영체들과 함께 지상 재림할 것이기 때문이다. 예수님과 함께 왕 노릇하며 천 년을 살 곳이기 때문이다.

이 더러운 땅에 어찌 천년왕국을 세울 수 있겠는가? 깨끗하게 청소돼야 한다. 몰라보게 리모델링 돼야 하지 않겠는가?

이로 인해 지구의 판이 갈라지고 합쳐지면서 산도, 강도 다 지금의 눈에 익은 자리가 아닌 곳에, 새롭게 생기게 될 것이다.

그러므로 이 일은 지상 재림 전에 있을 일들이다.

이렇게나 자세하게 말세의 여러 가지 징조를 보이시고 알려 주시지만, 선택은 본인만이 할 수 있다.

예수 믿는 자들은 각성하여 철저히 준비하라고 알려 주신다.

# C. 큰 음녀(사탄) 심판

## 1) 드디어 음녀 출현

큰 음녀는 누구인가? 사탄, 마귀, 용이라고도 하는 사탄의 본체를 말한다. 마귀가 용의 모습으로 잠깐 자신을 나타내긴 했지만, 그 후 두 짐승과 우상들을 내세워 자신의 뜻을 펼쳤다.

언제까지나 뒤에서 조종하지 않고 세상 끝에는 사탄이 직접 등장한다.

### ① 큰 음녀는 사탄의 본체다

* 계12:3: "하늘에 또 다른 용이 있어 머리가 일곱이요 뿔이 열이라 그 여러 머리에 일곱 왕관이 있는데, 그 꼬리가 하늘의 별 삼분의 일을 끌어다가 땅에 던지더라"

용(사탄)은 머리가 일곱이고, 뿔이 열이다. 머리마다 왕관을 썼다.

❖ 마지막 때 음녀(사탄)가 가장 아름답게 꾸민 모습을 볼 수 있다. 그의 원래 모습과 나중 모습을 비교해 보자.

* 계17:4-6: "그 여자는 자주 빛과 붉은 빛 옷을 입고 금과 보석과 진주로 꾸미고 손에 금잔을 가졌는데 가증한 물건과 그의 음행의 더러운 것들이 가득하더라, 그의 이마에 이름이 기록되었으니 비밀이라 큰 바벨

론이라 땅의 음녀들과 가증한 것들의 어미라 하였더라, 또 내가 보니 이 여자가 성도들의 피와 예수의 증인들의 피에 취한지라 내가 그 여자를 보고 놀랍게 여기고 크게 놀랍게 여기니"

붉은색 옷에 보석으로 꾸미고 성도들의 피가 가득한 금잔을 들고 취해있는 섬뜩한 모습이 사탄의 모습이다.

### ❖ 원래 사탄의 모습, 하늘에서 천사장으로 있을 때의 모습은 정말 화려하고 완벽하게 아름다웠다.

* 겔28:12-13: "인자야 두로왕을 위하여 슬픈 노래를 지어 그에게 이르기를 주 여호와의 말씀에 너는 완전한 도장이었고 지혜가 충족하며 온전히 아름다웠도다, 네가 옛적에 하나님의 동산 에덴에 있어서 각종 보석 곧 홍보석과 황보석과 금강석과 황옥과 홍마노와 창옥과 청보석과 남보석과 홍옥과 황금으로 단장하였음이여 네가 지음을 받던 날에 너를 위하여 소고와 비파가 준비되었도다"

천국에서는 각양각색의 최고의 보석으로 아름답게 꾸몄다.

그러나 천국에서처럼 꾸밀 수 없는 타락한 천사는 보석 대신 자주색과 붉은색 옷감으로 대신하고 거기다 하찮은 보석으로 꾸몄다.

천국에서는 손에 소고와 비파를 들고 음악으로 모두를 즐겁게 할 만큼 품위 있고 거룩한 모습이었다.

누구나 부러워하는 완벽한 모습이었지만, 타락한 그의 손에는 악기 대신 사람의 피가 들어있는 금잔을 들고 있다.

천국에서의 모습과 비교하면 하늘과 땅 차이다.

하나님 앞에서처럼 극히 호화롭고 완전한 아름다움을 나타내려고 애를 쓰지만 천박함이 뚝뚝 흐른다.

## ② 큰 음녀가 탄 붉은 짐승은 바다짐승이다

\* 계17:3: "곧 성령으로 나를 데리고 광야로 가니라 내가 보니 여자가 붉은 빛 짐승을 탔는데 그 짐승의 몸에 하나님을 모독하는 이름들이 가득하고 일곱 머리와 열 뿔이 있으며"

붉은빛 짐승은 두 짐승 중에 바다에서 올라온 바다짐승이다. 머리와 뿔에서 알 수 있는데 이 짐승은 그리스도 행세를 하는 적그리스도이다.

사탄은 바다짐승에게 전권을 주었고, 그 권세로 땅의 짐승과 우상과 사람에게 경배를 받았다. 그러나 사탄은 자신에게 그렇게 충성하던 짐승에게 상은 주지는 못할망정 짐승을 타고 거드름을 피우며 나타난다.

## ❖ 짐승이 처음에 바다에서 올라올 땐 붉은빛 짐승이 아니었다.

\* 계13:1-2: "내가 보니 바다에서 한 짐승이 나오는데 뿔이 열이요 머리가 일곱이라 그 뿔에는 열 왕관이 있고 그 머리들에는 신성모독 하는 이름들이 있더라, 내가 본 짐승은 표범과 비슷하고 그 발은 곰의 발 같

고 그 입은 사자의 입 같은데 용이 자기의 능력과 보좌와 큰 권세를 그에게 주었더라"

어디를 봐도 짐승이 붉다는 말씀이 없다.

바다짐승은 적그리스도 행세를 하면서 이 세상 사람들을 지옥 백성 만들었고, 수많은 성도를 죽였다.

영생할 수 있는 생명을 수없이 죽였으니 그 피에 붉게 물든 것이다.

소나 돼지 한 마리만 잡아도 온몸에 피가 튀는데, 수많은 생명을 죽였으니 어찌 깨끗할 수 있겠는가?

### ③ 사람의 피에 취해 있는 음녀

* 계17:6: "또 내가 보매 이 여자가 성도들의 피와 예수의 증인들의 피에 취한지라 내가 그 여자를 보고 놀랍게 여기고 크게 놀랍게 여기니"

예수의 증인들은 복음을 전하다가 핍박을 받아 순교한 순교자의 피를 말한다. 순교자들의 피는 믿지 않는 사람들의 의해 땅에 뿌려졌지만 영적으로 보면 사탄이 피를 마신 것이다.

왜냐하면, 배후에서 사탄이 조종하여 그들을 죽였기 때문이다.

사탄은 사람을 죽이는 일, 특히 예수 믿는 자의 몸과 영을 죽이는 일을 하고 있다.

"비밀이라, 큰 바벨론이라, 땅의 음녀들과 가증한 것들의 어미라." 기록되어 있다.

태초부터, 즉 아담 때부터 사탄은 빈 잔을 들고 있었던 적이 없었다.

늘 사람의 피를 마셨고 항상 만취 상태였다.

창세부터 세상 종말까지 사탄은 사람들의 피를 마시고 또 마시며 취해 있는 것이다.

성도들의 고혈과 영생할 수 있는 생명의 피를 짜 마시는 것이다.

그러므로 음녀, 사탄은 멸망하는 마지막 순간까지도 손에는 성도들의 피와 증인들의 피가 가득 들어있는 금잔을 들고 만취해 있는 모습이다. 이런 추한 모습이 사탄의 모습이다.

시대가 악해질수록 사람이 사람을 죽이는 일들이 점점 늘어나는데 이들도 반드시 핏값을 내놔야 한다. 생명은 생명으로 즉 자신의 영원한 생명을 내놓고 영원히 지옥으로 들어가야 하는 것이다.

피는 생명이니 사람의 생명을 취한 사탄 또한 같은 운명인 것이다.


④ 세상 죄악에 현혹되어 따라가면 죽음이다

* 요일2:16: "이는 세상에 있는 모든 것이 육신의 정욕과 안목의 정욕과 이생의 자랑이니 다 아버지께로 온 것이 아니요 세상으로부터 온 것이라"

세상주의는 사치, 향락, 물질주의, 우상숭배, 각종 범죄, 하나님을 배반하는 행위이다.

예수 믿다가 유혹에 빠져 세상으로 나가면 사탄이 놓은 덫에 생명이 붙잡히게 된다. 한순간의 잘못된 선택이 사탄을 만족시키는 한 잔의 피에 불과하게 될 것이다.

생명을 빼앗기는 일을 하지 말고 예수 잘 믿어서 다 같이 천년왕국에 들어갑시다.


### ❖ 사람의 피를 마시면 미친다고 말씀한다.

* 렘51:7: "바벨론은 여호와의 손에 잡혀 있어 온 세계가 취하게 하는 금잔이라 뭇 민족이 그 포도주를 마심으로 미쳤도다"

예레미야 말씀처럼 핏물을 마신 사람들은 미치거나 죽었다.

미치거나 죽거나 하는 증거가 세상 사람들에게는 이렇게 나타났다.

돈, 명예, 권력, 쾌락에 미쳤고 이것 때문에 영이 죽어 간다.

사람이 이것에 미쳐서 졸졸 따라가게 만든다. 어디까지? 사탄이 들고 있는 금잔에 자신의 생명이 부어질 때까지 따라간다.

어느 시대를 살다간 사람도 이 유혹에서 벗어나지 못하고 살다 갔다.

가증한 물건과 음행의 더러운 것들이 가득하고 우상숭배, 온갖 죄를 지음으로 미쳤다.

미치지 않았다면, 그래도 한때는 천사장이었던 루시퍼가 이런 미친 짓을 하지는 않을 것이다.

종말이 가까울수록 모든 수단과 방법을 동원해서 성도들이 스스로 죄악에 빠질 수밖에 없도록 만들 것이다.

다시는 예수를 믿을 수 없도록 다시는 천국 갈 수 없도록 짐승의 표를 받게 할 것이다. 정신 차리자.

# D. 이 세상 종말

* 마3:12: "손에 키를 들고 자기의 타작마당을 정하게 하사 알곡은 모아 곳간에 들이고 쭉정이는 꺼지지 않는 불에 태우시리라"

　이 세상 종말을 맞았다. 이삭줍기도 끝났고, 악도 추수가 끝났다.

　짐승의 표를 받은 모든 자는 완전한 심판과 철저한 파멸로 종말을 맞게 된다. 하나님의 진노는 일곱째 대접재앙으로 막을 내린다.

## 1) 바다짐승과 땅짐승이 유황불 못에 던져진다

### ① 두 짐승의 최후

* 계19:20: "짐승이 잡히고 그 앞에서 표적을 행하던 거짓 선지자도 함께 잡혔으니 이는 짐승의 표를 받고 그의 우상에게 경배하던 자들을 표적으로 미혹하던 자라 이 둘이 산채로 유황불 붙는 못에 던져지고"

　바다짐승(적그리스도), 땅의 짐승(거짓 선지자)이 잡혔다.

　두 짐승은 하나님의 백성을 속여서 수도 없이 생명을 앗아갔다.

　어느 누구도 이들보다 더 많은 하나님의 백성을 지옥으로 인도한 자는 없다. 공포 속에서 666을 받게 하고 아마겟돈 전쟁까지 일으켜 결국 전쟁에 참여한 모두를 지옥으로 끌고 갔다.

　하나님은 이들이 가장 교활하고 악하다고 보시는 것이다.

## ② 죽지 않고 심판도 받기 전에 산채로 유황불 못에 던져지는 최초의 사람이 두 짐승이다

천국 백성이 될 수도 있었던 교인들에게 666을 받게 하고 우상 숭배를 하게 하여 사탄에게 바쳐 결국 지옥 백성 삼았다.

두 짐승의 벌은 살아 있는 채로 유황불에 던져진다. 죽어서도 눈을 못 감는다는 말이 있듯이 죽지도 않았는데 살아 있는 채 유황불 못으로 직행한다.

유황불 못은 어디일까? 지옥이다.

얼마나 많은 성도와 순교자들을 핍박하고 죽였으면 그 죄가 죽어서도 못 가고 산 채로 불 속에 들어가는 형벌을 당할까.

태초부터 지금까지 아무리 악한 자도 죽지 않고 살아서 육을 입은 채로 불 못에 들어간 자는 없었다.

처음이자 마지막이다. 이 둘은 죽이지 않고 산 채로 불 속에 던져진다.


## ❖ 육의 몸을 입고 산채로 불 못에 들어가는 것과 죽어서 가는 것 무슨 차이가 있을까?

모르긴 몰라도 더 고통스러우니까 산 채로 던져질 것이다.

살이 지글지글 타는 냄새와 살이 촛농처럼 뭉그러지면서도 죽지 않고 고문처럼 계속 반복되는 일상이 얼마나 두렵고 끔찍할까?

육의 몸을 입고 산채로 던져진 두 짐승은 살과 뼈가 타는 고통과 영이 느끼는 고통을 함께 느낄 것이다.

육체는 불에 들어가면 재만 남는다고 생각할 수도 있지만, 이 현상은 이 세상에서의 답이다.

음부는 지렁이도 영원히 죽지 않는 곳이다.

육체가 타버려도 잠시 후면 또다시 육체로 되돌아와 타는 고통을 영원히 느낄 것이다.

누구보다도 끔찍한 최악의 고통을 두 짐승은 영원히 당할 것이다.

영도 두려워하는 이곳에 육체를 가지고 들어갈 때 이 세상의 고통과 영의 세계의 고통을 동시에 받는 것이다.

두 짐승은 이 유황불 못에 최초로 던져진다.


## 2) 666을 받은 세상 사람들이 모두 죽는다
### ① 쭉정이 추수가 끝났다

\* 계14:10: "그도 하나님의 진노의 포도주를 마시리니 그 진노의 잔에 섞인 것이 없이 부은 포도주라 거룩한 천사들 앞과 어린 양 앞에서 불과 유황으로 고난을 받으리니"

포도주에 물이나 다른 것을 전혀 섞지 않은 100% 원액 독주다.

이 말은 666을 받은 자들에게 선이란 1도 찾아볼 수 없이 100% 악만 남았고, 그 악이 익어서 추수한 것이다. 이 추수는 어떤 가감도 없는 하나님의 맹렬한 진노의 포도주 틀에 던지신다.

독주는 불을 붙이면 탄다. 이처럼 불과 유황불로 고난을 받는다.

## ② 모든 새를 동원시켜 사람의 시체를 처리한다

* 계19:17-18: "또 내가 보니 한 천사가 태양 안에 서서 공중에 나는 모든 새를 향하여 큰 음성으로 외쳐 이르되 와서 하나님의 큰 잔치에 모여, 왕들의 살과 장군들의 살과 장사들의 살과 말들과 그것을 탄 자들의 살과 자유인이나 종들이나 작은자나 큰자나 모든자의 살을 먹으라 하더라" 21: "그 나머지는 말탄 자의 입으로부터 나오는 검에 죽으매 모든 새가 그들의 살로 배불리더라"

쭉정이 추수하실 때 이때 이들은 거의 다 죽었고, 나머지는 믿는 자 이삭줍기 후 아마겟돈 전쟁에서 남김없이 다 죽는다.

영체인 사탄과 그의 타락한 천사들은 육체가 없으니 이 세상에 흔적 없이 그대로 불 못에 들어가면 되지만, 사람은 죽어도 시체는 남는다.

왕들, 장군들, 힘쓰는 자들, 말 탄 자들, 자유인, 종들, 작은 자나 큰 자나 이 모든 사람이 다 죽었다.

이때는 죽은 시체를 처리할 사람이 없다. 마지막 한 사람까지 죽었기 때문이다. 이 세상에 시체 치울 사람은 남아 있지 않다.

때문에 하나님은 새들을 준비시키셨다.

동원된 새들이 시체를 깨끗하게 먹어 치운다.

새들은 시체들을 다 먹어치워 깨끗하게 청소하고 정화하는 데 동원된다.

❖ **그 외에도 미리미리 깨끗게 하셨다.**

재앙들로 인해 미리미리 깨부수고 하나씩 하나씩 정리해 가셨다.

자연재해로 쓸어내고, 지진으로 땅속에 밀어 넣고 불로 태우셨다.

## 3) 큰 음녀 사탄은 천 년 동안 무저갱에 결박된다

① **사람이 다 죽으면 사탄도 할 일이 없다. 무저갱으로 들어가는**
  **일밖에는 없다**

* 계20:1-3: "또 내가 보매 천사가 무저갱의 열쇠와 큰 쇠사슬을 그의
손에 가지고 하늘로부터 내려와서, 용을 잡으니 곧 옛뱀이요 마귀요 사
탄이라 잡아서 천년동안 결박하여, 무저갱에 던져 넣어 잠그고 그 위에
인봉하여 천년이 차도록 다시는 만국을 미혹하지 못하게 하였는데 그
후에는 반드시 잠깐 놓이리라"

사탄의 신복이었던 두 짐승이 산채로 유황불 못에 던져졌고,
예수 믿지 않고 죽은 자들은 무저갱에 던져졌다.

예수 믿었지만 666 짐승의 표를 받고 우상을 섬긴 자들도 무저
갱에 던져진다.

사탄과 타락한 천사들도 천 년 동안 무저갱에 던져진다.

악한 사탄의 세력은 모두가 이 땅을 떠나 무저갱에 천 년 동안
봉해진다. 이 땅을 새롭게 갈아엎으시기 전에 이들 모두를 묶어
천 년 동안 무저갱에 넣고 나오지 못하게 인봉하신다.

이 말은 천년왕국이 이뤄지는 천 년 동안 이 땅에는 사탄도 없

고 귀신도 없으므로 죄가 없는 세상이 된다는 뜻이다.

## ❖ 무저갱은 한번 갇히면 영원히 못 나오는 곳이 아니다.

사탄이 전 3년 반에 무저갱에서 나왔듯이 천년왕국 때 옥에 갇혔다가 천 년이 차면 또 한 번 나온다.

무슨 말이냐면 무저갱은 열쇠를 가진 주인의 허락이 있으면 나올 수 있는 곳이다.

그래서 천 년이 차면 무저갱에서 잠시 놓임을 받는다. 왜냐하면, 사탄이 할 일이 있기 때문이다.

그 후 백보좌 심판을 받고 나면 그땐 무저갱이 아니라 열쇠가 없는 완전한 지옥, 영원히 나올 수 없는 흑암의 불지옥으로 모두가 들어간다.

② 이런 질문이 있을 수 있다. 무저갱은 하늘전쟁에서 쑥대밭이
　　되었는데 그곳에 어떻게 다시 들어갈까?

복구하지 못한 전쟁 후의 상태를 생각해 보라. 그곳에서 천 년을 산다고 생각해 보라.

복구 없이 쑥대밭이 된 무저갱에 다시 들어가는 것이다. 나중 형편이 더 나빠진 것이다.

사탄과 사탄의 사자들도 사람의 몸속에 들어가 쉼을 얻던 귀신들도, 또 예수를 부인하고 666을 받은 영도 다 같이 폐허가 된 무저갱

에 들어간다. 이곳에서 천 년을 산다.


## ❖ 천 년이 차매 잠시 옥에서 풀려난다.

* 계20:7: "천년이 차매 사탄이 그 옥에서 놓여 나와서 땅의 사방 백성 곧 곡과 마곡을 미혹하고 모아 싸움을 붙이리니 그 수가 바다의 모래 같으리라"

이 말씀에 의문이 많을 줄 안다.

곡과 마곡에 대해서는 다음 시간에 전한다.


## 4) 이 땅을 새롭게 리모델링하신다

### ① 이로써 7년 대환난은 끝이 났다

대환난은 끝이 났지만, 이 세상을 죄가 없고 아름답게 리모델링하려면 아직 시간이 더 필요하다. 그래서 후 3년 반이 끝났어도 곧바로 지상 재림이 이뤄지지 않는 이유 중 하나다.

지상 재림이 이뤄지지 않는 또 하나의 이유는 그 시간은 보호처로 간 성도들의 1,260일의 양육을 아직 받고 있는 중이고, 휴거된 영체들의 공중에서의 7년 기간도 아직 남아 있다.

이 남은 시간에 텅 빈 이 땅을 리모델링하신다.

공중과 땅에서 준비가 끝날 때는 땅도 새 주인 맞을 준비가 끝난다.

이제 7년 공중잔치도 끝이 났고, 보호처에서의 양육도 끝이 났고, 이 땅을 리모델링하는 일도 끝이 났다.

## ② 천년왕국이 세워질 땅과 하늘은 새롭게 단장되었다

사탄이 없는 땅이 되고 죄가 없는 땅이 된다.

새롭게 변모된 이 땅은 에덴동산처럼 아름답게 된다.

모든 자연환경이 아름답고 새롭게 변화된 평화로운 상태에서, 예수님과 천사들과 주의 백성들이 예수님 모시고 공중에서 지상으로 내려오신다. 지상 재림이다.

이 땅에는 아름다운 천년왕국이 이뤄진다. 할렐루야!

# 13

지상 재림(보호처 사람들, 십사만 사천), 천년왕국

# A. 지상 재림을 맞이하는 자들

## 1) 보호처 성도들이 지상 재림을 맞이한다

*마24:30-31: "그때에 인자의 징조가 하늘에서 보이겠고 그때에 땅의 모든 족속들이 통곡하며 그들이 인자가 구름을 타고 능력과 큰 영광으로 오는 것을 보리라, 그가 큰 나팔소리와 함께 천사들을 보내리니 그들이 그의 택하신 자들을 하늘 이 끝에서 저 끝까지 사방에서 모으리라"

### ① 구름 타고 오시는 예수 그리스도를 보고 땅의 모든 족속이 통곡하는데, 이들은 누구인가?

예수 믿지 않는 자 중에 아직 살아 있는 자들이 있단 말인가? 없다.

666을 받은 자들은 모두 다 죽었다. 살아 있는 자는 아무도 없다.

그런데 땅의 모든 족속이라 말씀하시는 땅에 살고 있는 사람들이 통곡한다. 육의 사람인 이들은 누구일까?

*계12:6: "그 여자가 광야로 도망하매 거기서 천이백육십일 동안 그를 양육하기 위하여 하나님께서 예비하신 곳이 있더라"

14: "그 여자가 큰 독수리의 두 날개를 받아 광야 자기 곳으로 날아가 거기서 그 뱀의 낯을 피하여 한때와 두때와 반때를 양육 받으매"

땅의 모든 족속이란 보호처에 들어가 양육 받은 전 세계 성도들이다. 이들은 들림 받지 못한 하나님의 양들이다. 짐승의 표 666을 받지 않고 끝까지 믿음을 지키고 보호처에 들어가 양육 받은 예수 믿는 모든 나라의 성도들이다.

이들은 육체로 살면서 믿음을 지키려고 안간힘을 쓰던 자들이다.

주님의 은혜로 보호처에 들어가 생명을 보존할 순 있었지만 그렇다고 들림 받은 자들처럼 천년왕국에 들어갈 믿음은 없었던 자들이다.

양육을 받아 믿음을 준비해야만 천년왕국에 들어갈 수 있는 자들이다.

이삭줍기한 양은 더더욱 여기에 포함될 것이다. 그래서 천이백 육십 일간 양육을 받았고, 믿음이 자랐다. 이들 외엔 믿지 않는 자들은 다 죽었다.

❖ **그럼 구원받았는데 왜 통곡할까?**

예수님이 지상 재림하심을 보고 부끄럽고 감사해서 우는 것이다.

진작 확실히 알았다면, 진작 성경 말씀을 믿고 믿음 생활 잘했다면 휴거됐을 텐데, 주를 위해 죽도록 충성했을 텐데 하는 후회일 것이다.

지상 재림하는 영체들과 지금 자신의 모습을 비교해 보면서 부끄럽고 후회되어 통곡하는 것이다.

확실한 믿음이 없어 들림 받지 못한 것에 대한 후회와 대환난을 거치면서 온갖 고생한 것이 주마등처럼 생각나 격하게 우는 것이다.

불구덩이 속에서 구원받은 것이 기쁘기도 하고 부끄럽기도 하고 후회스럽기도 하여 우는 것이다.

또 하나, 감사해서 우는 것이다.

보호처에 들어간 자들은 구원받을 믿음이 있었던 자들이 아니다.

이들은 휴거된 성도들을 직접 봤거나 들었고, 세상이 사탄의 손아귀에 들어갔을 때 믿음도 약한 자들이 두려워하면서도 666을 받지 않기 위해 얼마나 애쓰고 힘썼겠는가?

두 증인의 말씀을 듣고 숨기도 하고 말씀이 있는 곳이라면 그 어디라도 달려가기도 하면서 눈물겨운 기도를 드렸던 자들이다.

내일이란 소망이 없는 오늘, 그저 666을 받지 않고 하루하루 살아야 하는 이들의 기도는 절절하다 못해 처절한 기도였을 것이다.

이런 시간들을 애태우며 기다렸으니 지상 재림하시는 예수님과 영체들을 보자 눈물이 앞을 가려 우는 것이다.

그동안 지옥 같았던 삶이 주마등처럼 스쳐 지나가면서 살았다는 안도감 뒤에 나오는 감사, 꿈인가 생신가 하는 감사, 공포와 두려움 속에서 구원받은 것이 얼마나 감사하겠는가? 주의 은혜로 살아남은 것에 대한 감사가 흐느낌의 눈물로 표현되는 것이다.

보호처 사람 모두는 천년왕국에 들어가는 주의 백성들이다.

천년왕국은 천 년 동안 지속되는 나라이기 때문에 천년왕국이라 한다.

② 보호처에서 양육이 끝난 성도들이 예수님 지상 재림을 기다리고 있다

이들은 세계 각국에서 하나님의 보호 아래 있는 자들이다.

666 짐승의 표를 목숨 걸고 받지 않은 자들이다.

예수님 지상 재림 때는 세상 모든 나라, 이 끝에서 저 끝까지 보호처에서 양육받은 자들, 부끄러운 구원을 받은 수많은 무리가 흰옷을 입고 예수님을 맞이할 것이다.


❖ 이들은 예수님 지상 재림 때 영의 몸을 입을까?

보호처 성도들이 부활의 몸을 입었다는 말씀이 없다.

이들은 보호처에서 육으로 양육 받았고, 그 상태로 예수님을 맞이한다.

때문에 보호처 사람들은 예수님 지상 재림하실 때 육의 몸, 육체로 주님을 맞이하는 자들이다. 이제 이들의 준비가 끝났다.


## 2) 십사만 사천이 지상 재림을 맞이한다

① 십사만 사천은 땅에서 속량함을 받은 사명자들이다

이제야 이들에 대해 설명하게 되었다.

"땅에서 속량함을 받은", "사람 가운데에서"라고 말씀하셨듯이 십사만 사천은 이때 이 땅에 살고 있다.

"속량함을 받는다"에서 속량이란 값을 '지불하고 살려내다.'란 뜻이다.

어디에서? 땅에서. 예수님이 값을 지불하고 살려낸 자들이다.

이들은 하나님의 인을 첫 번째로 받았으면서도, 들림 받지 않고 땅에 남아 있다.

이들은 들림 받으려고 인을 받았거나 공중잔치에 참여하기 위해 인을 받는 자들이 아니기 때문이다.

이 땅에서 할 일이 있어서 속량 받았고, 인을 받았는데도 휴거 되지 못하고 남아 있는 사명자다.

특수한 사명 때문에, 인간적으로 보면 억울하게 남아 있는 자들이다. (실제로는 장자, 제사장의 축복이다.)


## ② 십사만 사천은 이스라엘 민족 중에서 뽑힌다. 이들의 사명은 무엇일까?

출19:6: "너희가 내게 대하여 제사장 나라가 되며 거룩한 백성이 되리라 너는 이 말을 이스라엘 자손에게 전할지니라"

* 계7:5-8: "유다지파 중에 인침을 받은 자가 일만이천이요 르우벤지파 중에 일만이천이요 갓지파 중에 일만이천이요, 아셀지파 중에 일만 이천이요 납달리지파 중에 일만이천이요 므낫세지파 중에 일만이천이요, 시므온지파 중에 일만이천이요 레위지파 중에 일만이천이요 잇사갈지파 중에 일만이천이요, 스불론지파 중에 일만이천이요 요셉지파 중에 일만이천이요 베냐민지파 중에 인침을 받은자가 일만이천이라"

열두지파는 이스라엘 전체를 말한다.

이들은 제사장 나라의 장자들이다. 예수 믿는 이 세상 모든 성도를 대표할 장자들이다.

### ③ 십사만 사천은 이 세상에 있다. 그럼 보호처에 있을까?

* 계14:4(중간): "어린 양이 어디로 인도하든지 따라가는 자며 사람 가운데에서 속량함을 받아 처음 익은 열매로 하나님과 어린 양에게 속한 자들이니"

이들은 들림 받을 믿음이 부족해서 보호처로 가야 하는 자들이 아니다.

이들은 처음 익은 열매다. 첫 열매는 모두 들림 받는 믿음이다. 이미 하나님과 어린양에게 속해 있는 자들이다.

그러므로 인 맞은 자들이 휴거될 때 이때 이들도 영의 몸을 입는다.

첫 열매가 인을 맞고도 들림 받지 않고 이 땅에 남아 있다는 것은 분명한 사명이 있다는 말이다.

특별한 사명 때문에 인을 받고도 이 땅에 남아 7년 대환난을 보내는 자들인데, 유대인 중에서 인 맞은 십사만 사천이다.

육체가 아니니 보호처로 가서 양육을 받지 않아도 되고 대환난 속에 있어도 사탄이 해할 수 없는 자들이다.

다만 공중으로 들려 올라가지 않고 이 땅에 남아 있을 뿐이다.

# B. 십사만사천의 사명

## 1) 첫 번째 사명은 새 노래를 부를 자다

* 계14:3: "그들이 보좌 앞과 네 생물과 장로들 앞에서 새 노래를 부르니 땅에서 속량함을 받은 십사만 사천밖에는 능히 이 노래를 배울 자가 없더라"

### ① 십사만 사천은 새 노래, 천국의 노래를 부를 사명 자들이다

예수님과 구원받은 영체들이 공중에서 7년 기쁨의 잔치를 마치면 왕이신 예수님과 함께 지상으로 내려온다.

십사만 사천은 보호처에서 양육 받은 자들처럼 통곡하는 자들이 아니다. 이들은 기뻐하며 앞장서서 왕을 맞이할 자들이다.

왜냐하면, 부활의 몸을 입고 제사장 사명을 수행하는 자들이기 때문에 부끄러운 구원이 아니라 영광스럽게 사명을 수행할 자들이다.

### ② 이 땅에서 지상 재림하시는 예수 그리스도와 영체들을 위해 새 노래로 맞이할 사명 자들이다

어떻게 알 수 있을까? 땅에서 천국의 노래인 새 노래를 알 수 있는 자는 십사만 사천밖에는 없다.

우리가 방언으로 찬양을 부르기도 하지만 이는 완전한 새 노래는 아니다. 왜냐하면, 육을 입고 부르는 찬양과 영체를 입고 부르는 찬양은 다르기 때문이다.

이들은 제사장 나라에서 선택된, 제사장들이다.

### ③ 성경엔 항상 화답이 있다

어찌 수많은 영체와 천사들의 나팔 소리와 왕이신 예수 그리스도께서 내려오시는데 세상이 쥐죽은 듯이 조용할 수가 있겠는가?

공중에서 영체들이 우렁차고 아름다운 새 노래를 부르며 내려올 때 이 땅에서도 새 노래로 화답할 자들이 있어야 하지 않겠는가?

새 노래는 새로 만든 노래가 아니다, 천국의 노래다.

천국의 찬양을 이 세상 사람은 알 수가 없다. 때문에 보호처에 있던 육의 사람은 새 노래를 알 수 없다. 당연히 부를 수 없다.

오직 십사만 사천만이 알고 부를 수 있다.

왜? 이들은 인을 맞고 이미 들림 받은 자들과 같이 영체를 입고 있기 때문이다.

십사만 사천은 환영의 노래, 천국의 노래로 예수님과 영체들을 환영하는 화답의 찬양을 부르며 열렬하게 맞이한다.

이들은 지상 재림하셔서 천년왕국을 이루실 만왕의 왕 예수그리스도께 새 노래를 부르며 환영할 사명을 받은 사명자들이다.

이 찬양을 부르는 것이 이들에게 맡겨진 첫 번째 사명이다.

## ④ 노래로 화답하는 것이 그렇게 중요한 일일까?

하나님은 천지창조를 하실 때부터 모든 만물이 짝이 있게 만드셨다.

해와 달, 하늘과 땅, 산과 바다, 남자와 여자, 그리고 성도가 이 땅에서 찬양하면 하늘에서도 그 답으로 찬양한다. 이것이 화답이다.

왕이신 예수님이 내려오시는데 환영하는 인파나 찬양도 없이 아무도 모르게 조용하게 오시겠는가?

초림 때 소리 소문 없이 오셨어도 그래도 환영하는 동방박사, 목자들, 시므온과 안나가 예수님을 환영하며 맞이했다.

이제 지상 재림 때는 천지가 뒤흔들릴 정도의 찬양을 부르며 내려오시는데, '어서 오시옵소서' 환영하고 화답의 찬양을 부르는 자 하나 없이 오시지 않는다. 당연히, 반드시, 필요하다.

예수님이 천년왕국의 왕으로 오시는데 무엇 때문에 도둑같이 오시겠는가?

보호처 사람들이, 숨고 싶고 기절할 정도로 위풍당당하게 오신다.

이때 천지에 울려 퍼지는 찬양에 이 땅에서도 새 노래로 화답할 제사장들이 십사만 사천이다.

## 2) 두 번째 사명은 남은 자의 기도를 올릴 자다

### ① 보호처 성도들의 기도를 올려드릴 사명을 수행할 자들이다

인치는 일이 끝나면 성령 하나님도 예수님처럼 성부 하나님 곁으로 가신다. 마지막 인치실 자까지 늦은 비 은혜로 도우시고, 그의 기도가 보좌로 올라가고 인을 치고 나면 성령 하나님의 사명이 끝난다.

때문에 이 땅에 계실 이유가 없다. 알곡은 다 추수되었기 때문이다.

그러므로 들림 받지 못한 보호처 성도들의 기도는 하늘 보좌로 올라가지 못하고 이 땅에 그대로 남게 된다.

보호처 성도들의 기도는 나중에 제사장 십사만 사천이 금 대접에 담아 지상 재림하신 왕께 올리게 된다. 그 일을 맡아 할 것이다.

이것이 이들에게 주어진 둘째 사명, 즉 제사장 사명이다.


### ② 그러므로 끝까지 기도하라

* 삼상3:19: "사무엘이 자라매 여호와께서 그와 함께 계셔서 그의 말이 하나도 땅에 떨어지지 않게 하시니"

보호처 성도들의 마지막 기도까지도 땅에 떨어지지 않는다.

보호처 사람들의 이름이 생명록에 기록되면서 양육 장소로 갔지만, 기도는 쌓여 있는 것이다.

이들의 귀한 기도는 땅에 떨어진 채 버리지 않으신다.

십사만 사천은 제사장으로서 땅에 있는 이들의 기도를 모아 천년왕국을 이루려고 내려오시는 우리의 왕, 예수 그리스도께 올려 드리는 것이다.

그러므로 십사만 사천은 이스라엘뿐 아니라 세상 모든 성도를 대표하는 제사장들이다.

구약의 제사장은 백성들을 대표로 제사, 예배를 인도하고 지성소에 들어가 하나님께 기도드리고, 주신 말씀을 백성에게 전하는 중보자 역할을 했다. 이처럼 십사만사천은 마지막에 땅에 있는 기도를 모아 금 대접에 올려드리고, 새 노래로 예배를 인도하는 제사장 사명을 감당할 자들이다.

이 땅 왕으로 오시는 예수 그리스도께 올라가지 않은 기도를 모아 드리는 사명이 십사만 사천에게 있다.

이 두 가지 일을 맡기시기 위해 십사만 사천을 뽑으시고, 이 땅에 남기시고 영광을 받으시는 것이다.

# C. 지상 재림

예수님은 두 번 재림하신다. 공중 재림과 지상 재림이다.

말 그대로 공중 재림은 공중에 오시는 것이고, 지상 재림은 천년왕국을 이루기 위해 이 땅에 내려오시는 재림이다.

두 번의 재림에 대한 말씀들은 성경 곳곳에 기록되어 있지만, 한 번으로 묶다 보니 말씀이 풀리지 않는 것이다.

재림에 대해 확실하게 알고 이해할 수 있기를 바란다.

## 1) 예수님은 올라가신 모습 그대로 지상 재림하신다
### ① 구름을 타고 가셨으니 구름을 타고 오신다

* 마24:30-31: "그때에 인자의 징조가 하늘에서 보이겠고 그때에 땅의 모든 족속들이 통곡하며 그들이 인자가 구름을 타고 능력과 큰 영광으로 오는 것을 보리라, 그가 큰 나팔소리와 함께 천사들을 보내리니 그들이 그의 택하신 자들을 하늘 이 끝에서 저 끝까지 사방에서 모으리라"

사람들이 보는 가운데 가셨으니 세상에 있는 모든 보호처 성도들이 예수님 오심을 볼 수 있게 오신다.

거리와 시간와 관계없이 모두가 알 수 있게 오신다. 천사들의 나팔 소리에 모를 사람은 없을 것이다. 모든 성도가 알 수 있게 오신다.

어느 나라는 낮이고, 어느 나라는 밤일 것이다.

이는 하나님이 정하신 시간에 오시기 때문에 세상 시간으로는 어느 나라는 밤이고, 어느 나라는 낮이 될 것이다.

모두가 하나님의 시간에 동시에 듣고, 볼 것이다.

## ② 모든 영체가 예수님과 함께 내려올 것이다

공중잔치에 참여했던 모든 영체가 왕과 함께 새 노래를 부르며 이 땅으로 내려올 것이다.

수많은 영체가 새하얀 세마포 옷을 입고 마치 하늘을 수놓는 것처럼 아름답게 내려올 것이다.

눈 내리는 하늘만 봐도 아름다운데 영의 몸을 입은 영체들이 천사처럼 날아서 이 땅에 내려앉는 모습을 어찌 눈이나 새에 비교할 수 있겠는가?

## ③ 이때 십사만 사천은 새 노래를 부르며 화답할 것이다

말씀 드렸듯이 이들은 이미 영체를 입은 자들이다. 몸만 이 땅에 있을 뿐이다. 지상 재림하시는 예수님을 모시고 천사들과 영체들이 새 노래를 부르며 내려올 때 십사만 사천도 새 노래에 화답하며 환영하는 것이다.

④ 보호처에서 양육 받은 자들이 감사하며 경배드릴 것이다

예수를 믿었으나 들림 받지 못하고 보호처에서 양육 받은 각국의 성도들, 이들은 복잡 미묘한 감정으로 통곡하는 자들이기도 하다.

통곡만 하겠는가? 누구보다도 감사하는 마음이 더 큰 자들일 것이다.

이들은 부끄러운 구원이지만, 구원받아 천년왕국에 들어가는 자들이다.

각국에서 보호받던 이들은 어느 한 나라에서가 아니라 세계 모든 보호처에서 나와 기쁨으로 왕을 맞이할 것이다. 그래서 말씀하신다.

"택하신 자들을 하늘 이 끝에서 저 끝까지 사방에서 모으리라"

이들은 땅에서 왕을 환영하고 경배를 드릴 자들이다.

하늘에선 예수님과 휴거된 영체들이 내려오고 땅에서는 십사만 사천과 보호처에서 양육 받은 성도들이 전 세계에서 나와서 왕을 영접하는 것이다.

이때의 땅은 죄가 없고, 깨끗하게 정리 정돈된 아름다운 에덴동산과 같은 곳이 되어 있을 것이다. 결국, 에덴동산의 회복이라 할 수 있을 것이다. 새롭게 변한 이 땅에는 천년왕국이 세워진다.

# D. 천년왕국 (성숙 단계)

이제까지 그리스도인들이 알고 있는 천국은 뒤섞여 있다.

천년왕국도 천국이라 하고, 새 하늘과 새 땅도 천국이라 한다. 그러다 보니 천국을 정확히 구분하지 못하고 이럴 땐 이렇게, 저럴 땐 저렇게 말씀을 전하는 것을 본다. 이런 말씀들을 들은 성도들은 이해되지 않는 알쏭달쏭한 천국이지만 믿음으로 '아멘' 하고 들을 수밖에 없다.

성경에는 분명히 상반된 말씀들이 나옴에도 불구하고 깊이 상고하지 않았기 때문일 것이다.

지금부터 전하는 천년왕국에 대한 말씀은 좀 어렵고 처음 듣는 말씀들이 많을 것이다. 깊이 묵상하시길 바란다.

## 1) 천년왕국은 천 년 동안 예수님과 함께 왕 노릇하는 나라다

* 계20:4-6: "또 내가 보좌들을 보니 거기에 앉은 자들이 있어 심판하는 권세를 받았더라 또 내가 보니 예수를 증언함과 하나님의 말씀 때문에 목베임을 당한 자들의 영혼들과 또 짐승과 그의 우상에게 경배하지 아니하고 그들의 이마와 손에 그의 표를 받지 아니한 자들이 살아서 그리스도와 더불어 천년동안 왕노릇 하니, 그 나머지 죽은 자들은 그 천년이 차기까지 살지 못하더라 이는 첫째 부활이라, 이 첫째 부활에 참여

하는 자들은 복이 있고 거룩하도다 둘째 사망이 그들을 다스리는 권세가 없고 도리어 그들이 하나님과 그리스도의 제사장이 되어 천년동안 그리스도와 더불어 왕노릇 하리라"

## ① 이 땅에 세워지는 천년왕국은 예수 그리스도가 다스리시는 왕국이다

천 년 동안 사는 나라이고, 왕이 다스리는 나라이기 때문에 천년왕국이다. 각 사람의 행함 대로 왕 노릇하며 사는 나라다.

'행함 대로란'란 행위록에 기록된 대로 왕과 같은 삶을 사는 것이다. 주를 위해 얼마나 수고하고 희생했는가에 따라 천년왕국에서의 부와 명예와 권세가 결정된다.

부는 주의 말씀대로 실천하며 살았으니 주어지는 상급이고, 명예는 제사장으로 존경받으며 사는 것이고, 권세는 분봉 왕으로 살 수 있으니 최고의 삶을 주시는 것이다.

'왕 노릇'이란 진짜 왕은 예수님이시고, 행함에 따라 예수님께 위임받은 왕, 작은 왕, 맡겨 주신 각 지역의 분봉 왕이 되어 천년왕국을 다스리는 것을 말한다.

## ② 죽지 않고 살아서 천년왕국에 들어가는 3종류

\* 하나: 창세로부터 자연사, 또는 순교하여 낙원에 있던 자.

\* 둘: 공중 재림 때 육의 몸이 영의 몸으로 변화되어 휴거된 자

와 휴거되지 않고 이 땅에 남아있는 십사만 사천.

\* 셋: 666을 받지 않고 보호처에 들어갔다가 죽지 않고 천년왕국에 들어가는 자와 이삭줍기한 자.

## 2) 천년왕국에서의 두 가지 삶

### ① 천년왕국 안에서 사는 영체들은 이런 삶을 산다

\* 마22:30: "부활 때에는 장가도 아니가고 시집도 아니가고 하늘에 있는 천사들과 같으니라"

부활 때에는 다시 말해 부활의 몸, 영의 몸을 입은 자들은 장가도 안 가고 시집도 안 간다. 오직 천사들과 같은 몸, 영체를 입는다.

\* 롬14:17: "하나님의 나라는 먹는 것과 마시는 것이 아니요 오직 성령 안에 있는 의와 평강과 희락이라"

예수님이나 천사처럼 먹고 마실 수도 있으나 초월해서 사는 나라이다.

이 말은 육을 입고 살 때처럼 먹고 마시고 결혼하고 아기를 낳고 늙고 병들고 죽는 나라가 아니라는 말이다.

천년왕국에서의 사람의 수명은 나무와도 같다(천 년).

왕 같은 제사장으로 예수님과 함께 살고, 예수님처럼 죽지 않고 사는 나라다.

늘 즐겁게 찬양하며 아름다운 옷에, 아름다운 집에서 부족함 없이 천 년을 하루 같이 사는 나라다. 성안의 영체들은 천사처럼 산다.

시집, 장가도 아니 가고 죽지도 않는다. 때문에 천 년이 되도 처음 천년왕국에 들어간 영체 그 수는 늘고 줄지 않고 그대로다.

기쁘고 즐겁고 감사하니까, 누가 시켜서가 아니라 저절로 찬양이 입에서 쉬지 않고 나오는 것이다. 그래서 하나님 나라는 찬양이 끊이질 않는다.

## ② 천년왕국 밖에서 사는 육체들은 이런 삶을 산다

* 사11:6-9: "그때에 이리가 어린 양과 함께 살며 표범이 어린 염소와 함께 누우며 송아지와 어린 사자와 살진 짐승이 함께 있어 어린아이에게 끌리며, 암소와 곰이 함께 먹으며 그것들의 새끼가 함께 엎드리며 사자가 소처럼 풀을 먹을 것이며, 젖먹는 아이가 독사의 구멍에서 장난하며 젖 뗀 어린아이가 독사의 굴에 손을 넣을 것이라, 내 거룩한 산 모든 곳에서 해 됨도 없고 상함도 없을 것이니 이는 물이 바다를 덮음같이 여호와를 아는 지식이 세상에 충만할 것임이니라"

이 말씀을 알기는 알아도 별 의미 없이 읽고 지나간 분들이 많을 줄 안다. 또 깊이 생각한 분이라면 천년왕국에 대해 실망한 분들도 많을 줄 안다. 나도 환상으로 이 천년왕국을 봤을 때 실망했던 기억이 생생하다.

처음 들어 보는 말씀일 것이다. 이제 말씀이 풀어진다.

육의 몸으로 천년왕국에 들어간 사람들은 성안이 아니라 성 밖에서 육의 방식대로 산다. 성안에서 살고 싶어도 살 수가 없다.

왜냐하면, 육체인 사람들은 영체처럼 살 수 없다. 지금의 방식대로 흙에서 살아야 살 수 있기 때문이다.

육체와 영체는 먹거리부터 다르고, 삶 자체가 다른데 어떻게 함께 살 수 있겠는가? 그래서 두 가지 삶을 살 수 있도록 마련하신 나라가 천년왕국이다.

육체는 먹고살기 위해 노력한다. 그 노력의 결과는 백 배 결실을 맺는다. 이유는 사탄과 사탄의 사자들과 귀신들이 무저갱에 들어갔기 때문에 죄가 없다. 또, 그 나라는 예수님이 다스리는 나라이기 때문이다.

동물과 사람이 함께 어울려 살고 살진 짐승이 어린아이와 함께 논다.

동물들의 먹거리는 육식이 아니라 초식이다. 이 말은 살생이 없고, 해함도 없다는 말이다. 해함이 없으니 상함도 없는 나라이다.

사자가 소처럼 짚을 먹고, 이리와 양도 함께 산다.

그러므로 천년왕국에 흙이 있어서 농사를 짓고 짚도 생산된다.

천년왕국인데 짚이 있고, 흙이 있다.

어떻게? 이 세상을 리모델링했기 때문이다.

육의 사람과 육의 동물들은 지금처럼 살 터전이 필요하기 때문에 배려하신 것이다.

모두가 서로가 서로를 배려하며 시기 질투 없고, 죄가 없는 나라에서 기쁘고 즐겁게 만족하며 산다.

천년왕국 안과 밖은 전부 왕이신 예수그리스도의 나라이며 예수님의 보살핌을 받는 나라다.

그러므로 천년왕국은 예수님이 다스리시는 한 나라이면서도 두 나라처럼 다른 삶을 살 수 있도록 배려하신 특별한 나라이다.

* 사65:20-25: "거기는 날수가 많지 못하여 죽는 어린이와 수한이 차지 못한 노인이 다시는 없을 것이라 곧 백세에 죽는 자를 젊은이라 하겠고 백세가 못되어 죽는 자는 저주 받은 자이리라, 그들이 가옥을 건축하고 그 안에 살겠고 포도나무를 심고 열매를 먹을 것이며, 그들이 건축한 데에 타인이 살지 아니할 것이며 그들이 심은 것을 타인이 먹지 아니하리니 이는 네 백성의 수한이 나무의 수한과 같겠고 내가 택한 자가 그 손으로 일한 것을 길이 누릴 것이며, 그들의 수고가 헛되지 않겠고 그들이 생산한 것이 재난을 당하지 아니하리니 그들은 여호와의 복된 자의 자손이요 그들의 후손도 그들과 같을 것임이라, 그들이 부르기 전에 내가 응답하겠고 그들이 말을 마치기 전에 내가 들을 것이며, 이리와 어린양이 함께 먹을 것이며 사자가 소처럼 짚을 먹을 것이며 뱀은 흙을 양식으로 삼을 것이니 나의 성산에서는 해함도 없겠고 상함도 없으리라 여호와께서 말씀하시니라"

천년왕국에서 백 세가 못 되어 죽는 자도 있고, 백 세에 죽는 자도 있다.

이때는 죄가 없는 세상이기 때문에 태어나는 이는 있어도 죽는 이는 극소수다. 인구는 기하급수적으로 늘어난다.

백 세에 죽는 자는 노인이 아니라 젊은이요, 백 세가 못 되어 죽는 자는 저주받은 자다. 이 말씀은 그만큼 모두가 천 년을 살고 어쩌다 죽는 자가 있을 수도 있지만, 극히 소수라는 것을 말씀하심이다.

영체는 죽음이 없지만, 아직 육체이기 때문에 죽음이란 게 없을 수는 없는 것이다.

또, 그들이 가옥, 집을 자기 손으로 짓고 농사를 지으며 후손을 낳고 천 년을 산다. 이 말씀은 남녀가 결혼도 하고, 자녀도 낳고 행복하게 산다는 말씀인데 이해가 되는가? 이해되지 않는 분들이 많을 것이다.

이 말씀을 보면 천년왕국에 대한 환상이 깨진다.

이렇게 되는 이유를 하나님은 분명하게 말씀하셨지만, 우리가 천년왕국에 대해 무관심했거나 잘 깨닫지 못했기 때문에 일어나는 현상이다.

때문에 기도하면서 성경 말씀을 주님 주신 지혜로 깊이 보면 숨겨 놓으신 답을 깨달을 수 있을 것이다.

이 답은 바로 육체로 천년왕국에 들어간 사람들에 대한 말씀이다.

천년왕국에는 두 종류, 즉 영체가 된 자들과 영체가 되지 못한 육체가 함께 사는 나라이기 때문에 사는 방식이 다른 것이다.

들림 받지 못했지만, 보호처에서 천년왕국에 들어간 자들, 즉 육체로 천년왕국에 들어간 자들은 지금의 방식대로 살아야만 살 수 있다.

생각해 보면 육체로 백 년도 가족 없이 혼자 살기 힘든데 천 년을 어찌 혼자 살 수 있겠는가?

아무리 천년왕국이지만 그들은 영체가 아니라 혈기왕성한 육이란 걸 생각해야 한다. 따라서 이 세상처럼 자녀를 낳고 먹거리를 재배하여 먹고 살아야 살 수 있다.

인구가 많아지면 먹을 것이 부족하지 않을까 생각할 수 있으나 여기는 예수님이 다스리시는 천년왕국이다.

농사를 지으면 100배 결실을 맺고, 하는 일마다 100배의 수확을 거두기 때문에 아무리 인구가 늘어나도 풍족하게 산다.

성도들이 살 집을 스스로 건축하고 포도나무를 심고, 그 열매를 먹는다. 농사를 지어 먹을 것을 해결한다.

이곳이 육으로 들어간 자들이 사는 천년왕국이다.

이들은 육체로 살지만, 왕 노릇한 영체들 덕분에 영적 수순이 몰라보게 성장한다. 그래서 말씀하신다.

"물이 바다를 덮음같이 여호와를 아는 지식이 세상에 충만할 것임이니라."

## ❖ 이 세상과 다른 점이 있다면?

죄가 없기 때문에 이 세상처럼 내 것을 빼앗기거나 빼앗는 자가 없다.

일한 대가는 반드시 본인이 받아 누린다.

어쩌다 백 살이 못 되어 죽는 자도 간혹 있지만, 대부분의 사람은 천 살까지 천년왕국이 끝날 때까지 산다.

아픔도 없고, 고통도 없고, 슬픔도 없고, 병도 없다. 그저 즐겁고 행복하기만 하다. 주를 부르기도 전에 응답하시고 말을 마치기도 전에 들이신다. 이곳이 천년왕국이다. 얼마나 좋을까? 지금은 부르짖어도 응답받기 어려운데, 말이 끝나기도 전에 응답하시니 얼마나 좋을까?

때문에 천년왕국에 들어왔다면 양육만 잘 받으면 걱정하지 않아도 된다.


### ③ 다시 전한다, 이들은 누구인가?

부활의 몸을 입지 않고 천년왕국에 들어가 사는 사람들에게 해당하는 말씀이다. 보호처에 들어가 양육 받은 자들이다.

이들이 천년왕국에 들어갈 때 영의 몸을 입었다는 말씀이 없다.

즉, 들림 받지 못했지만 666을 받지 않은 상태에서 보호처로 갔고, 보호처에서 양육이 끝날 때 예수님이 지상 재림하셨다.

지상 재림하셨으니 곧바로 천년왕국이 시작되었다.

어디에도 이들이 지상 재림하실 때 육체를 벗어버리고 영체를 입었다든지, 죽었다가 부활했다는 말씀이 없다.

이 말은 보호처에서 그대로 천년왕국에 들어갔다는 뜻이다.

육체를 가진 상태로 천년왕국에 들어온 사람들이다.

천년왕국에는 들어갔으나 육의 몸 그대로이기 때문에 살기 위해서는 지금처럼 집도 짓고, 먹을 것도 생산하고, 결혼도 하고, 자식도 낳아 기르는 것이다.

어쩌다가 죽는 자가 나올 뿐, 거의 다 천 년까지 살기 때문에 인구가 기하급수적으로 늘어날 것이다.

이들 외에는 흙의 사람이 천년왕국에 들어간 자는 없다.

결국, 육체를 가진 자들은 영체를 가진 자들처럼 살 수가 없다.

이 세상에서 살 때처럼 자신이 살 집을 짓고, 자신이 먹을 것을 재배해서 먹고, 자녀를 낳아 기르며 사는 것이다.

지금과 다른 것이 있다면 천년왕국에는 사탄이 없으므로 죄가 없다.

아무리 육의 몸을 가졌어도 죄를 짓지 않고 살 수 있다.

하지만 사는 모습은 먹고 마시고 자고 시집, 장가가고 자녀를 낳아 기르는 면에서는 이 세상과 별반 다를 것이 없다.

## 3) 같은 천년왕국에서 어떻게 다른 삶을 살 수 있을까?

예수님이 다스리시는 천년왕국에서는 영체와 육체로 나눠진다.

영체와 육체의 삶이 다르기 때문에 천년왕국 안에서는 영체들이 예수님과 함께 살고, 천년왕국 밖에서는 육체들이 살 것이다.

환경이 이렇게 나눠질 수밖에 없는 것이다. 마치 영만 있는 낙원과 영체가 있는 천국이 나눠졌던 것과 같다고 보면 이해가 쉬울 것이다.

그러나 같은 나라이기 때문에 얼마든지 왕래할 수 있을 것이다.

### ① 영체는 천년왕국에서 왕 같은 제사장으로 또는 백성으로 산다

이들은 이미 사람이 아니다. 영체들은 육체의 삶을 벗어던졌기 때문에 의와 평강과 희락으로 산다. 천사처럼 예수님처럼 산다.

그러나 영의 몸을 입었다고 모두가 왕 같은 제사장으로 사는 것은 아니다. 모두가 왕이면 백성은 누구겠는가? 백성이 있어야 왕도 있는 것이다. 이것을 정하는 기준은 세상에서의 행함대로 왕과 백성이 나눠지는 것이다.

왕 같은 제사장으로 다스리며 사는 자도 있고, 영체가 되긴 했지만 그 나라 백성으로 사는 자도 있다. 그 기준은 이 땅에서의 행함이다.

왕 같은 제사장으로 사는 사람 중에 행함이 많은 사람은 성안을 다스리는 권세를 주님으로부터 받고 왕과 함께 앉을 것이다.

10부장, 50부장, 백부장 천부장이 있었던 것처럼 성안과 밖 각 지역의 왕이 되어 다스리고 양육할 것이다.

이들은 앞으로 올 영원한 나라로, 육의 사람들을 인도하는 제사장 역할을 하는 영광을 얻는 것이다.

## ② 육의 사람은 지금처럼 각 도시를 형성하고 살 것이다

천년왕국은 천 년 동안 예수님과 함께 살되, 육의 사람은 원하는 곳을 찾아 마을을 형성하고 살 것이다.

## ③ 천년왕국이 영원한 천국인가?

아니다. 천년왕국은 천 년이 차면 끝이 난다.

그러므로 영원한 천국은 아니다.

천년왕국 후에 오는 나라가 영원한 나라다.

## ④ 세상 어느 것 하나도 천년왕국에 가지고 갈 수 없다

* 마6:19-21: "너희를 위하여 보물을 땅에 쌓아두지 말라 거기는 좀과 동록이 해하며 도둑이 구멍을 뚫고 도둑질하느니라, 오직 너희를 위하여 보물을 하늘에 쌓아두라 거기는 좀이나 동록이 해하지 못하며 도둑이 구멍을 뚫지도 못하고 도둑질도 못하느니라, 네 보물이 있는 그곳에는 네 마음도 있느니라"

오직 하늘에 쌓아 두었던 것만이 내 것이다.

영체뿐 아니라 육체로 들어간 자들도 천년왕국에 아무것도 가지고 갈 수 없다. 아무리 흙에서 먹고 살고 지금의 삶과 별반 다르지 않다 해도 천년왕국은 새로 시작되는 새 나라다.

예수 그리스도께서 우리의 왕이 되어 주님을 눈으로 직접 뵙고 함께 사는 나라다.

* 계22:12: "보라 내가 속히 오리니 내가 줄 상이 내게 있어 각 사람에게 그가 행한 대로 갚아 주리라"

분명하고도 확실하게 말씀하신다. 각 사람이 행한 대로 갚아 주신다고. 이 말씀은 기쁘기도 하고, 두렵기도 한 말씀이다.

인색하면 인색하게, 자신만을 위해 산 사람은 주님도 똑같이 대해 주실 것이기 때문이다.

그러므로 하나님 말씀대로 하늘에 내 것을 많이 쌓는 자가 되어서 영원히 후회가 없는 복된 자가 되시길 바란다.

## 4) 천국에서 자신의 자리는 어디일까?

* 마20:20-23: "그때에 세베대의 아들의 어머니가 그 아들들을 데리고 예수께 와서 절하며 무엇을 구하니, 예수께서 이르시되 무엇을 원하느냐 이르되 나의 두 아들을 주의 나라에서 하나는 주의 우편에 하나는 좌편에 앉게 명하소서, 예수께서 대답하여 이르시되 너희는 너희가 구하는 것을 알지 못하는도다 내가 마시려는 잔을 마실수 있느냐 그들이 말하되 할수 있나이다, 이르시되 너희가 과연 내 잔을 마시려니와 내 좌우편에 앉는 것은 내가 주는 것이 아니라 내 아버지께서 누구를 위하여 예비하셨는지 그들이 얻을 것이니라"

### ① 아버지만이 아신다

전도하여 많은 사람을 구원으로 인도한 자, 하나님의 일을 많이

한 자는 왕 같은 제사장으로 보상받는다.

순교자나 산 순교자의 삶을 산 자는 왕 같은 제사장으로서 예수님이 앉는 보좌에 영원 무궁히 함께 앉게 해 주신다.

천국에 많이 쌓은 자는 성안에 살고, 궁전과 같은 곳에서 천사들의 수종을 받으며 왕 같은 제사장으로서 면류관을 쓰고 상상 초월의 삶을 산다.

그럼 왕이 그렇게 많은 나라일까?

10부장, 50부장, 백부장, 천부장이 있었던 것과 같다. 이들은 자기에게 맡겨진 자들을 양육하고 보살피고 다스린다.

이것이 왕의 일이며, 제사장의 일이다.

천년왕국 안을 맡는 자도 있을 것이고, 천년왕국 밖을 맡는 자도 있을 것이다. 그러나 누가 어떤 자리에 앉을지는 아버지만 아신다.

❖ **이런 생각을 할 수 있을 것이다.**

'난 배움도 짧고 아는 것도 없고 돈도 없고 몸도 아프고 나이도 많은데, 난 장애인인데, 만약 나에게 왕의 삶을 살라고 하면 어떻게 살 수 있을까?' 생각할 수도 있을 것이다.

* 사11:9: "내 거룩한 산 모든 곳에서 해 됨도 없고 상함도 없을 것이니 이는 물이 바다를 덮음같이 여호와를 아는 지식이 세상에 충만할 것임이니라"

하나님 나라는 완전한 나라다. 지금은 부족하고 불편한 삶이라 해도 그 나라는 부족한 부분 없이 누구나 완전한 영체를 입는다.

아프거나 장애를 그대로 갖고 산다면 그곳은 완전한 나라가 아니다.

천년왕국에 들어가면 영체나 육체나 이 세상 지식이 없어도 고차원적인 것이 수건이 벗겨지는 것처럼 자연적으로 다 알게 된다.

왜냐하면, 예수님이 다스리시는 영의 나라이기 때문에 걱정할 필요가 없다. 처음부터 새롭게 시작되는 나라에서 새로운 삶이 시작되는 것이다.

영의 성장과 행함으로 천년왕국 안과 밖의 삶이 결정되고, 왕이 되어 다스리는 자가 되기도 하고, 다스림을 받는 자가 되기도 한다.

예수님 좌우편에 앉는 영광을 얻게 되기도 하고, 부끄러운 구원이 되기도 한다.

그러므로 영적인 빈부 차이는 분명히 있다.

천국도 빈부가 있다고 말하면 실망하는 것을 본다.

공평하신 하나님께서 어찌 주를 위해 충성한 자와 그렇지 않은 자를 똑같이 취급해 주시겠는가? 당신 같으면 그렇게 하겠는가?

공평이란 행한 만큼 갚아 주는 것이 공평이다.

행함도 없이 이것까지 바라는 것이 무리 아닌가? 또한, 아버지의 뜻도 아니다.

## ② 부끄러운 구원자들

* 고전3:12-15: "만일 누구든지 금이나 은이나 보석이나 나무나 풀이나 짚으로 이 터 위에 세우면, 각 사람의 공적이 나타날 터인데 그날이 공적을 밝히리니 이는 불로 나타나고 그 불이 각 사람의 공적이 어떠한 것을 시험할 것임이라, 만일 누구든지 그 위에 세운 공적이 그대로 있으면 상을 받고, 누구든지 그 공적이 불 타면 해를 받으리니 그러나 자신은 구원을 받되 불 가운데서 받은 것 같으리라"

믿긴 믿었으나 겨우 생명만 구원받은 자는 불을 통과한 것과 같이 부끄러운 구원이다.

보호처로 들어가 구원받은 자, 자연사했지만 아무것도 한 것이 없이 목숨만 구원받은 자, 주의 일은 많이 하긴 했지만 이 세상에서 하나님의 영광을 가로채 자신의 이름을 내고 하늘의 것을 다 까먹은 자들이 부끄러운 구원에 해당될 것이다.

불 속에서 알몸으로 빠져나온 자 같이 행함이 다 타버려 부끄러운 자들이라 말씀한다. 천년왕국에 들어간 자 중에 목숨만 구원받은 자들이다.

간신히 천년왕국에 들어가긴 했지만, 부끄러운 구원을 받은 자들이다.

영이 장성하고 행함을 하늘나라에 많이 쌓은 자는 아버지께서 원금에 뺑튀기까지 해 주신다. 이것은 영원하다.

성도님들 못다 한 충성 지금부터라도 죽도록 충성해서 모두 왕 같은 제사장으로 살길 축복한다.

## 5) 천년왕국은 성숙 단계, 즉 성화 단계에 있다

① 천년왕국에 들어가기만 하면 끝인가? 아니다. 천년왕국이 끝이
   아니다

천년왕국에 들어간 영체 간에는 영이 엄청나게 차이가 난다.

간신히 구원만 받은 자도 영의 몸을 입고 천년왕국에 들어갔다.

적당히 예수 믿은 자도 영의 몸을 입고 천년왕국에 들어갔다.

죽도록 충성한 자나 순교자도 영의 몸을 입고 천년왕국에 들어갔다.


❖ 무엇이 다를까?

천년왕국에 들어간 영체들의 영은 천차만별이다.

이대로는 천년왕국이 끝나고 새 예루살렘 영원한 천국에 들어
갈 수가 없다.

예전에 일본에 계신 목사님께 질문한 적이 있다.

천국에 가서 만약 루시퍼처럼 죄를 짓는다면 어떡하느냐고 질
문한 적이 있다.

루시퍼 같은 대단한 자도 죄를 짓는데, 나 같은 자는 루시퍼보
다도 더 죄지을 가능성이 다분한 것을 알기 때문이다. 정말 걱정
돼서 질문했다.

목사님 말씀이 그렇기 때문에 천년왕국이 있는 거라고 한마디

하셨다. 무슨 뜻인가 곰곰이 묵상했을 때 깨달음을 주셨다.

영체들도 영이 천차만별이고, 육체들도 영이 천차만별이다.

이 문제는 양육으로 해결한다는 깨달음을 주셨다.


## ② 제사장이 필요하다

* 계20:6: "이 첫째 부활에 참여하는 자들은 복이 있고 거룩하도다 둘째 사망이 그들을 다스리는 권세가 없고 도리어 그들이 하나님과 그리스도의 제사장이 되어 천년동안 그리스도와 더불어 왕노릇 하리라"

제사장이 있다는 말은 성전이 있다는 말이고 가르침을 받아야 한다는 말이다. 영체나 육체나 영의 성장을 위해 양육 받는 성전이 있고 그 성전에는 행함대로 위임받은 왕 같은 제사장들이 양육할 것이다.

영체들은 대제사장이신 예수님께 양육 받을 것이라 생각한다.

아무리 순교자라 해도, 아무리 목사라 해도 천년왕국에 들어가면 어린아이 같은 영적 수준밖에는 안 된다.

영이 장성해서 들어간 것이 아니라 은혜로 들어갔기 때문이다.

영체가 이렇다면 육체로 천년왕국에 들어간 자들은 말해 무엇할까?

이들은 보호처에서 놀고먹지 않고 무려 1,260일 동안 열심히 양육받았다. 왜? 들림 받은 자들과 영적 수준 차이가 나기 때문에 양육받았다. 이것으로 끝이 아니라 천년왕국에서 다시 양육받을 것이다.

아직 영체나 육체나 영이 미성숙한 성화 단계이기 때문에 예수님과 함께 살면서 성숙 단계, 즉 영화 단계로 영의 성장을 끌어 올리는 기간이 천 년 동안 이어지는 천년왕국이다.

때문에 천년왕국은 영원한 나라가 아니라 천 년 동안만 유지되는 나라다.

영원한 천국에 들어가 죄를 짓지 않도록, 루시퍼처럼 행여나 불의한 일을 하지 않도록 천 년 동안 양육받는 것이다.

왜냐하면, 루시퍼를 보면 알 것이다.

그는 행동으로 죄를 짓지 않았다. 생각으로 잠깐 눈 깜빡할 동안에 죄를 지었을 때 가차 없이 흑암으로 쫓겨났다.

영원한 천국에서의 죄는 이렇게나 무섭다. 용서가 없다.

천 년 동안 성화 단계에서 영화 단계로 영이 자란다.

그러므로 천 년을 왕 같은 제사장으로 살지만, 진짜는 새 하늘과 새 땅 시대를 준비하는 기간이다.

그래서 천년왕국이 먼저 오는 것이고, 천년왕국은 천 년으로 막을 내리는 것이다.

영이 성숙되고 영화를 제대로 누릴 수 있고 천국을 감당할 수 있고 영원히 하나님께 감사하며 살 수 있는 하나님의 자녀로 영의 성숙이 꼭 필요한 것이다.

천년왕국을 거친 후 영원한 나라에서 영원히 산다.

우리 모두 그 나라 같이 갑시다, 꼭 같이 가서 왕으로 삽시다.

# E. 믿는 자가 잘 모르고 있는 말씀들

## 1) 성도가 자신이 가서 살 나라에 대해 잘 모른다

* 호세아4:6: "내 백성이 지식이 없으므로 망하는도다 네가 지식을 버렸으니 나도 너를 버려 내 제사장이 되지 못하게 할 것이요 네가 네 하나님의 율법을 잊었으니 나도 네 자녀들을 잊어버리리라"

사람은 전·월세를 살거나 집을 살 때 싸다고 무조건 계약하고 이사하지 않는다.

이사를 가도 좋은지 그 지역에 대해 알아보고, 모든 조건을 맞춰보고 나서 이사를 한다. 기껏해야 몇 년 살 집도 심사숙고한다.

몇십 년도 못살고 집을 팔기도 하고, 죽을 때 그 집을 가지고 갈 수 없는데도 세심하게 살피는 것은 말할 것도 없고, 주변까지 또 자녀 대까지도 생각한다.

이렇게 사람들은 이 세상에서는 물건 하나를 사는 것도 심사숙고하면서 천국에 대해서는 많은 성도가 막연하게 생각한다.

천국만 가면 되지 생각하거나 상급에 대한 의미를 잘 모르는 성도가 많다. 어떤 교인들은 공산주의처럼 모두가 똑같이 산다고 생각하거나 몸이 없이 영만 산다고 생각해 아무것도 필요 없다고 생각한다. 더 기막힌 것은 천국이 있는지도 확신이 없는 것을 본다.

영원한 나라에 가서 살 삶에 관해선 관심이 없는 건지, 무관심한 건지 나 몰라라 한다.

하나님 나라는 그림자처럼 이 세상과 닮아 있는 데도 모른다는 것이 안타깝다. 믿는 자가 가서 살 곳, 내가 가서 영원히 살 곳이지만 이 영원한 나라에 대해 잘 모른다.

때문에 주의 일을 게을리하거나 귀찮다고 아예 하지 않고 자신만을 위해 산다.

내 백성이 지식이 없어 망하고 제사장이 되지 못한다 말씀하신다.

대충 예수 믿고 천국만 가면 된다거나 천국의 복보다 세상 복을 더 선호하는 것을 본다.

요즘 교인들이 작은 교회를 외면하고 대형 교회를 찾아가는 것을 마음 아프게 지켜볼 수밖에 없다. 물론 큰 그릇이어서 큰일을 하기 위해서라면 대환영이다. 하지만 여러 가지 이유 중에 원하는 조건이 구비되어 있고 편하기 때문에 찾아간다는 말을 듣는다.

눈치 안 봐도 되고, 봉사 안 해도 되고, 헌금 안 해도 되고, 예배시간 줄줄이 있으니까 내가 편한 시간에 가서 예배드리면 되고, 간혹 주일을 지키지 않아도 변명 안 해도 되는 편리함 때문은 아닐까.

그 교회 주인이 아니라 나그네처럼 슬쩍 예배드리고 오면 된다는 생각이 주를 이룬다는 것을 부인할 수 없을 것이다.

한마디로 주인의 무거운 짐을 지기 싫은 것이다.

나그네는 집주인처럼 수고하지 않고 짐을 지지 않아도 되지만, 그 집에 대한 권리나 보상, 유산도 받을 수 없다는 것을 알아야 한다.

아버지 집에 대한 짐을 나눠서 지고 충성하는 자가 아니면 아버지로부터 받을 상속도 아예 없다는 것도 알아야 한다.

이 모든 것이 내가 가서 영원히 살 나라에 대해 아는 지식이 없기 때문은 아닐까 생각한다.

만약 천국이 어떻게 이루어지고 어떤 방식으로 영원히 가서 살게 될 것이란 것이 확실히 믿어진다면 많은 성도가 마음을 고쳐먹고 스스로 주의 일을 찾아 충성할 자들이 꽤 있을 것이라 생각한다.

하나님을 아는 지식이 없으면 영원히 기회를 놓치고 만다.

성경에는 믿는 자가 가서 살 영원한 나라에 대한 말씀들이 많다. 무심코 지나치지 말기를 바란다. 결국, 영원한 나라에 대한 지식이 없어서 그 나라에서 제사장으로 살지 못하고 왕으로도 살지 못하고 부도 누릴 수 없는 어리석은 자가 되고 만다. 영원히 씻을 수 없는 부끄러운 구원이 되고 마는 것이다.

그곳에서 열심히 일해서 부족한 것을 채우겠다? 천국은 이미 완성된 나라다. 더하고 뺄 수 있는 나라가 아니다.

흔히 말하는 헛똑똑이가 되지 않기를 간절히 바란다.


❖ **인터넷에서 천년왕국에 대해서 찾아봤다.**

천국은 말 그대로 하늘나라라고만 막연하게 생각했다. 사람이 죽으면 하늘에 있는 나라에 가서 산다고만 생각했다. 천년왕국과 새 하늘과 새 땅을 구분하지 못했다. 사람이 영원히 살 종착지가 천년왕국인 줄 아는 사람도 많았다.

심지어 천년왕국의 수도가 새 예루살렘 성이라 말하는 이도 있었다.

그런가 하면 새 예루살렘 성을 하나님과 예수님의 직무실로 사용된다는 글도 봤다.

어떤 이는, 이 세상이 천국, 천년왕국이라 말하는 이도 있었다.

천년왕국과 영원한 천국이 왜 나뉘는지 전혀 모르고 있었다.

말씀의 지식이 없다는 증거다.

말씀을 모르면 준비할 때 준비할 수 없으므로 결국 망한다.

이 책을 읽는 분들은 확실히 알고 주님께 충성해서 영원히 사는 나라에서 왕으로서 많은 복을 누리며 살길 바란다.


## 2) 다시 전한다. 왜냐하면, 천년왕국에 대해 처음 들어 보는 말씀이 많을 것이다. 혼돈하기 쉽지만, 확실히 다르다

### ① 부활하지 못한 자도 함께 사는 천년왕국

천년왕국 밖의 삶은 흙을 토대로 산다.

이 세상처럼 육의 사람이 자녀를 낳고 천 년 동안 사는 나라다. 집을 짓고 농사를 짓고 그 열매로 살뿐 아니라 육식동물들도 풀을 먹는다. 이 말은 살생이 없다는 말이다.

육을 입고 들어간 천년왕국은 인구가 기하급수적으로 증가한다.

그도 그럴 것이 천 년 동안 태어나는 자는 많고 죽는 자는 가 뭄에 콩 나듯 하기 때문이다.

이 말씀을 보면 천년왕국은 이 세상과 별반 다를 바 없다는 느 낌을 받을 것이다.

예수님이 다스리는 천년왕국은 죄가 없으므로 육의 사람이라 해 도 죄를 짓지 않고 양육에 의해 영적 성장을 빠르게 하는 나라다.

물이 바다를 덮음같이 하나님을 아는 지식이 충만하게 되는 나라다.

이들도 천년왕국이 끝나면 영의 몸을 입고 새 하늘과 새 땅에 들어갈 자들이다.


② 부활해서 영의 몸을 가진 자도 함께 사는 천년왕국

부활한 자들은 우리가 꿈꾸는 삶을 사는 나라이며 천 년 동안 그리스도와 함께 왕 노릇하는 나라다.

물론 천년왕국에 들어갔다고 모두가 왕 같은 제사장으로 사는 것은 아니다. 각자 행함대로 이 말은 행함만큼 영이 성장한 자로 서 왕 같은 제사장으로 또는 백성으로 산다.

하나님을 전하고 하나님의 말씀을 가지고 다스려지는 나라다.

천년왕국은 새 예루살렘 성이 하늘에서 내려오는 것이 아니라 이 땅에 세워진다. 해도, 달도, 땅도 그대로인 상태에서 리모델링 해서 사는 곳이다.

천년왕국은 천 년이 차면 끝나는 나라다.

### ③ 천년왕국의 가장 두드러지는 특징

예수 그리스도가 왕으로 다스리는 나라다.

또 부활하지 못하고 천년왕국에 들어가는 자와 부활한 자가 함께 사는 나라다.

천년왕국 안과 밖의 삶은 전혀 어울릴 것 같지 않은 두 나라 같은 한 나라다. 이렇게라도 해서 영원한 천국 백성 만드시려는 하나님의 고뇌에 찬 은혜로 이루어지는 나라다.


### ④ 천년왕국은 완전한 천국이 아니다

천년왕국은 영원한 나라가 아니다.

천년왕국은 천국에 있는 것도 있고, 이 세상에 있는 것도 있는 나라다.

부활한 자와 부활하지 못한 자가 함께 사는 나라다.

천년왕국은 천 년이 차면 지금의 하늘과 땅이 없어질 때 함께 없어질 나라다. 죽도록 충성해서 부활의 몸을 입고 천년왕국에 들어갈 뿐 아니라 왕 같은 제사장의 삶을 살길 바란다.

이 영광이 영원한 나라까지 이어지기 때문이다.

말씀의 지식이 더해져서 믿음과 행함을 날마다 올려드려 행위록에 기록되고 또 기록되는 저와 성도님들 되기를 축복한다.

이것만이 영원히 왕으로 살 수 있는 길이다.

# 14

곡과 마곡, 사탄지옥행, 백보좌 심판

# A. 곡과 마곡

곡과 마곡은 예수를 믿었지만 들림 받지 못하고 천년왕국에 들어간 자들과 그들이 낳은 후손들이다.

다시 말해 천년왕국에서 육으로 사는 모든 자를 통틀어 곡과 마곡이라 말한다. 이제 천년왕국이 끝날 때가 되었다.

## 1) 천 년이 차매 미혹 당하는 곡과 마곡

### ① 곡과 마곡은 성경 몇 군데 나온다

* 창10:1-2: "노아의 아들 셈과 함과 야벳의 족보는 이러하니라 홍수 후에 그들이 아들들을 낳았으니, 야벳의 아들은 고멜과 마곡과 마대와 야완과 두발과 메섹과 디라스요," 5: "이들로부터 여러나라 백성들로 나뉘어서 각기 언어와 종족과 나라대로 바닷가의 땅에 머물렀더라"

노아는 셈, 함, 야벳을 낳았다.

노아 홍수 이후 야벳은 여러 아들을 낳았는데, 아들 중 마곡과 두발이 있다. 야벳의 후손들은 창성하여 북방 바닷가 땅에서 살았다.

### ❖ 곡과 마곡을 역사적으로 살펴보자.

* 겔38:1-6: "여호와의 말씀이 내게 임하여 이르시되, 인자야 너는 마곡 땅에 있는 로스와 메섹과 두발왕 곧 곡에게로 얼굴을 향하고 그에게 예

언하여, 이르기를 주 여호와께서 이같이 말씀하시기를 로스와 메섹과 두발왕 곡아 내가 너를 대적하여, 너를 돌이켜 갈고리로 네 아가리를 꿰고 너와 말과 기마병 곧 네 온 군대를 끌어내되 완전한 갑옷을 입고 큰 방패와 작은 방패를 가지며 칼을 잡은 큰 무리와, 그들과 함께한 방패와 투구를 갖춘 바사와 구스와 붓과, 고멜과 그 모든 떼와 북쪽 끝의 도갈마 족속과 그 모든 떼 곧 많은 백성의 무리를 너와 함께 끌어내리라"

38, 39장 성경 내용을 보면 바벨론 포로에서 돌아온 이스라엘 백성들은 남과 북이 하나가 되어 평화롭게 살고 있었다.

이때 곡의 군대가 침략한다. 곡이 누군가 하면 마곡 땅의 왕이다.

그럼 마곡 땅에는 로스, 메섹, 두발 족속을 통합해 함께 사는 나라다.

이 통합된 나라를 다스리는 왕이 있는데, 그가 곡인 것이다.

지금으로 말하면 여러 소수 민족을 통합해 한 나라를 이루고 통치자를 세워 다스리는 연합국가와 같은 의미이다.

이렇게 하는 이유는 여러 나라가 통합하고 합쳐지면 그만큼 막강한 힘, 강한 국력을 가질 수 있기 때문이다.

바사, 구스, 붓, 고멜 그 모든 떼와 북쪽 끝의 도갈마 족속이 이스라엘 침략을 위해 곡의 군대에 동참한다.

이 전쟁에서 곡의 군대뿐 아니라 동참했던 족속들, 그리고 마곡 땅에 사는 사람들은 빈들에 엎드러져 새와 들짐승의 밥이 된다.

곡과 마곡이 망하는 것을 본 이스라엘 백성은 다시는 거룩하신 하나님의 이름을 더럽히지 않을 것이라 말씀하신다.

이것이 에스겔서에 나오는 곡과 마곡에 대한 말씀이다.

## ❖ 천년왕국에서의 곡과 마곡을 에스겔서를 통해 비교해 보자.

* 겔 39:1-7: "그러므로 인자야 너는 곡에게 예언하여 이르기를 주 여호와께서 이같이 말씀하시되 로스와 메섹과 두발왕 곡아 내가 너를 대적하여, 너를 돌이켜서 이끌고 북쪽 끝에서부터 나와서 이스라엘 산 위에 이르러, 네 활을 쳐서 네 왼손에서 떨어뜨리고 네 화살을 네 오른손에서 떨어뜨리리니, 너와 네 모든 무리와 너와 함께 있는 백성이 다 이스라엘 산 위에 엎드러지리라 내가 너를 각종 사나운 새와 들짐승에게 넘겨 먹게 하리니, 네가 빈들에 엎드러지리라 이는 내가 말하였음이니라 주 여호와의 말씀이니라, 내가 또 불을 마곡과 및 섬에 평안히 거주하는 자에게 내리리니 내가 여호와인줄을 그들이 알리라, 내가 내 거룩한 이름을 내 백성 이스라엘 가운데에 알게 하여 다시는 내 거룩한 이름을 더럽히지 아니하게 하리니 내가 여호와 곧 이스라엘의 거룩한 자인 줄을 민족들이 알리라 하라"

이 말씀을 천년왕국 때를 대입해 보면 어느 한 나라에서만 천년왕국에 들어온 것이 아니라 세계 모든 민족, 각 나라에서 예수 믿은 성도들이 보호처를 거쳐 천년왕국에 들어간다.

또 천년왕국에서 그들이 낳은 자손들도 아비를 따라 곡과 마곡이라 부른다. 이들은 비록 천년왕국에서 태어났지만, 그들의 부모는 이 세상 각국의 보호처에서 들어온 자들이다.

이들은 육의 몸이기 때문에 살기 좋은 땅을 선택해 자녀를 낳으며 행복하게 살 것이다.

이스라엘이 남과 북이 하나 되어 평화롭게 살았던 것처럼 천년왕국에 사는 영체들과 육체들은 하나같이 평화롭게 산다.

마곡 땅의 여러 족속이 한 왕을 섬겼던 것처럼 한 왕 예수그리스도를 섬기며 산다.

천년왕국에서는 물이 바다 덮음같이 여호와를 아는 지식이 충만하게 된다. 때문에 천년왕국(성화 단계)에서 영을 성장시켜서 영원한 나라(영화의 단계)로 들어가게 하시는 것이다.

괜히 천년왕국을 만드시고, 영원한 천국을 만드시겠는가.


② 어떻게 곡과 마곡이 바다의 모래알같이 많아질까?

천 년이란 기간은 상당히 긴 시간이다.

육의 몸을 입고 각 나라에서 천년왕국에 들어간 숫자는 그리 많지 않을 것이다. 그러나 사람의 수명이 천 년을 살며 자녀를 낳기는 하지만 죽는 자는 거의 없다.

백 세에 죽는 자는 젊은이요, 100세 못 되어 죽는 자는 저주받은 자이다. 때문에 죽는 자는 극소수이고, 태어나는 자는 수없이 많다.

이렇게 육으로 들어간 자들은 천 년 동안 육의 후손을 낳는다.

천 년을 살면서 자연스럽게 자녀를 낳은 수는 바다의 모래알처럼 많게 된다. 이들이 모두 곡과 마곡이라 말씀하는 자들이다.

부활한 자들과 부활하지 못한 곡과 마곡은 천 년 동안 죄가 없는 삶을 산다.

천년왕국에서 차별받는다는 생각을 가질 수도 있을 것이다.

이렇게 나눠 살 수밖에 없는 이유는 영체와 육체의 삶이 다르기 때문이다. 육체는 영체처럼 살 수 없기 때문이다.

성안과 밖 모두 사탄이 없는 세상, 예수 그리스도가 다스리는 두 나라가 아니라 한 나라로 평안을 누리며 기쁘게 사는 천년왕국이다.

영체들은 육체가 사는 방식과는 다른 방식으로 살 것이기 때문에 상관없지만, 육의 몸을 입고 있는 자들은 포도원과 농사를 짓고 집을 짓고 산다. 하지만 사탄이 없는 세상이기 때문에 죄를 짓지 않고 산다.

누구나 만족하며 평화로운 삶을 산다.

우리나라도 산아제한이 없을 땐 한 집에 아이가 10명, 12명 있는 집도 있었고, 아무리 없어도 5, 6명은 있었다.

백 년도 못 사는 시대에도 산아제한이 없을 땐 한 부모에게서 아이들이 이렇게 많이 태어났다.

산아제한 없이 천 년을 살면 얼마나 많은 아이가 태어날까.

육의 사람은 50, 60이면 자녀 생산능력이 중단된다.

그렇다면 천 년을 산다 해도 아기를 낳을 수 있는 나이는 정해진 것이 아닐까 생각할 수 있을 것이다.

* 창5:6-11: "셋은 백오 세에 에노스를 낳았고, 에노스를 낳은 후 팔백칠년을 지내며 자녀들을 낳았으며, 그는 구백십이 세를 살고 죽었더라, 에노스는 구십 세에 게난을 낳았고, 게난을 낳은후 팔백십오년을을 지내며 자녀들을 낳았으며, 그는 구백오세를 살고 죽었더라"

25-27: "므두셀라는 백팔십칠 세에 라멕을 낳았고, 라멕을 낳은후 칠백팔십이 년을 지내며 자녀를 낳았으며, 그는 구백육십구 세를 살고 죽었더라"

이때는 죄를 짓고 에덴동산에서 쫓겨나 세상에서 살 때이다.

그럼에도 성경에서 가장 오래 산 므두셀라는 969세, 천 년 가까이를 살았다. 그럼 이들이 지금처럼 50, 60대에 자녀 생산능력이 끝나고 노인으로 몇백 년을 살았을까? 아니다. 그때부터 청춘 시작이었다.

셋은 105세에 에노스를 낳았고, 에노스는 90세에 자녀를 낳는다.

특히, 므두셀라는 187세에 라멕을 낳았다.

우리가 생각할 땐 있을 수 없는 신화 같은 얘기지만, 하나님의 말씀은 진실하다.

그렇다면 나이가 많으니까 아이 하나만 낳았을까? 아니, 그 후 계속 자녀를 낳았다. 셋은 807세까지 자녀를 낳았고, 에노스도 815세까지 자녀를 낳고 살았다. 그 후 죽을 때까지 노인으로 살았는지 아니면 자녀를 낳을 수 있었는데도 낳지 않고 살았는지는 알 수 없다.

이렇게 천년왕국에서의 곡과 마곡은 땅의 사방에 흩어져 천 년을 살면서 그들의 수는 바다의 모래알같이 많아지는 것이다.

### ❖ 천년왕국은 죄가 없는 나라다.

죄가 있는 땅에서도 이렇게 생산능력이 놀랄만한데 죄가 없는 천년왕국에선 당연히 천 살까지도 자녀를 낳고 살 수 있을 것이다.

믿지 못할까 봐 창세기 때 이렇게 오래 살게 하셨고, 이렇게 많은 나이에도 자녀를 낳게 하신 것은 아닐까 생각해 본다.

지금 성도님들의 나이는 천년왕국에서는 어린아이에 불과하다.

지금은 나이 들고 고달프지만, 그때 이곳에 있다면 건강한 청춘이니까 얼마든지 자녀를 낳고 행복하게 살 수 있을 것이다.

### ③ 육의 몸을 가지고 천년왕국에 들어간 사람들은 약점이 있다

모래알처럼 인구가 불어나지만, 이들의 약점은 썩을 육을 입고 있다는 것이다. 이 말은 죄가 없으니까 죄를 짓지 않았지, 죄가 있다면 충분히 죄를 지을 수 있는 육체라는 약점이 있다.

그러므로 부활하지 못하고 육체를 가진 사람과 그들의 자손은 아무리 천년왕국에서 살아도 미혹하면 미혹 당하는 이들이 있다.

에덴동산에서 미혹 당해 죄를 지은 것처럼 그만큼 흙의 사람은 약하다.

천 년이 차면 무저갱에서 잠시 놓임을 받은 사탄의 미혹에 빠지는 자가 이들에게서 나온다.

## 2) 사탄은 천 년이 될 때 잠깐 나온다

### ① 천년왕국 기간 동안 사탄은 무저갱에 결박된다

* 계20:1-3: "또 내가 보매 천사가 무저갱의 열쇠와 큰 쇠사슬을 그의 손에 가지고 하늘로부터 내려와서, 용을 잡으니 옛 뱀이요 마귀요 사탄이라 잡아서 천년동안 결박하여, 무저갱에 던져 넣어 잠그고 그 위에 인봉하여 천년이 차도록 다시는 만국을 미혹하지 못하게 하였는데 그 후에는 반드시 잠깐 놓이리라"

대환난 기간 동안 믿는 자를 죽이고 666을 받게 해서 수많은 사람을 지옥 백성 만든 사탄을 천 년 동안 무저갱에 처넣고 인봉했다.

사탄을 지옥에 넣는 것이 아니라 다시 무저갱에 넣고 천 년 동안 입구를 봉한다. 무저갱은 특별한 곳이다. 바닥이 없는 구덩이다.

그런 곳을 인봉하기까지 하니 개미 새끼 한 마리도 나올 수 없다.

왜 사탄을 지옥이 아닌 무저갱에 또다시 넣으셨을까?

사탄을 다시 무저갱에 넣으신 이유는 지옥은 한 번 들어가면 어떠한 일이 있어도 나올 수 없다.

하지만 음부나 무저갱은 주인의 허락이 있으면 나왔다 들어갈 수 있는 곳이다. 이 말은 사탄이 무저갱에서 한 번 더 나와서 할 일이 있다는 의미다.

## ② 사탄이 무저갱에서 언제 올라오는가 하면 천년왕국이 끝날 때이다

* 계20:7-8: "천년이 차매 사탄이 그 옥에서 놓여, 나와서 땅의 사방 백성 곧 곡과 마곡을 미혹하고 모아 싸움을 붙이리니 그 수가 바다의 모래 같으리라"

"천 년이 차매" 이 천년왕국 기간 동안 영체나 육체나 영이 성숙되지만, 그 중엔 미성숙한 자들이 더러 있게 된다.

왕이신 예수 그리스도의 말씀만 믿고 흔들림 없이 따라가야 하는데, 곡과 마곡 중에는 왕이 아닌 다른 이의 말에 미혹되어 따라가는 자들이 있다. 다른 이가 누군가 하면 천 년이 차매 옥에서 풀려난 사탄이다.

## ③ 곡과 마곡을 미혹하고 싸움을 붙인다

사탄이 놓임 받는 이유는 육체를 갖고 사는 곡과 마곡을 미혹해서 싸움을 붙이기 위해서다.

일시적으로 풀려난 사탄이 미혹할 때 미혹 당하는 자는 육의 사람이다.

사탄이 미혹하는 대상은 곡과 마곡, 즉 보호처에서 천년왕국으로 들어간 자들과 그들이 낳은 후손들이다.

그들이 낳은 후손도 육의 부모에서 태어났기 때문에 그들도 육의 자녀다. 이들 중에는 미혹 당해 다시 마귀에게로 돌아가는 자들이 있다.

천년왕국에서 태어난 자들은 죄가 뭔지 잘 모를 것이다.

이들은 천년왕국 안과 밖의 삶이 왜 달라야 하는지에 대해 이해할 수 없을지도 모른다. 사탄은 이들에게 불을 집히는 것이다.

이렇게 흙으로 만든 육체는 천년왕국에 들어가도 마귀가 미혹하면 미혹 당할 수도 있다는 것이다.

아마도 보호처에서 들어간 1세대들이라기보다는 천년왕국에서 태어난 자들이 사탄의 미혹에 빠질 가능성이 크지 않을까 생각해 본다.

이렇게 보는 이유는 이스라엘 자손들을 보면 이해가 될 것이다.

출애굽 2세대들은 광야에서 태어났다.

가나안 땅에 들어간 출애굽 2세대들은 그들이 사는 날 동안 하나님을 섬겼다고 말씀하신다.

그 후 가나안에서 태어난 세대들이 하나님을 어떻게 배교했는지를 보면 천년왕국에서도 짐작해 볼 수 있다.

## 3) 사탄이 곡과 마곡을 공격하고 성안을 공격한다
### ① 천 년 동안 양육해도 사탄의 꼬임에 빠지는 자는 빠진다

때문에 천년왕국에 들어가면 왕 같은 제사장들이 있어서 바로 양육이 시작되는 것이다. 천년왕국에서 양육 받는다는 것이 이해되지 않는 분들이 많을 것이다. 양육하는 이유는 사람은 완전하지 못하기 때문이다.

영원한 나라 새 예루살렘에 들어가서 사탄처럼 죄를 짓지 않게 하기 위해서다. 천 년을 양육 받으면 사탄의 어떤 미혹도 물리칠 수 있도록 영이 성장해야 하지만, 육의 사람은 죄에 약하다.

천년왕국에서 살고 영체들을 직접 만나고 예수님도 만나 뵙고 살았으면서도 미혹되는 자가 있는데, 이들을 가차 없이 버리신다. 가망 없는 자들이다.

불행히도 미혹 당한 자들은 영원토록 죽지 않고 고통당하는 지옥에 떨어지고 마는 기구한 자들이다.

육의 몸을 입은 곡과 마곡 중에서 사탄에게 미혹 당하지 않은 자만이 영원히 살아남는다.

때문에 완전한 자만 영원한 천국에 들여보내시기 위한 방책이다.

"다시는 내 거룩한 이름을 더럽히지 아니하게 하리니"

만약 미혹되는 자가 영원한 나라 새 하늘과 새 땅에 들어간다면 사탄처럼 되고 말 것이다.

그러므로 천년왕국 마지막 단계에서 사탄에게 미혹 당하는 자들을 한 번 더 걸러내시는 것이다.

하나님은 두 번 다시 타락한 천사와 같은 자를 만들고 싶지 않으신 것이다. 그래서 천년왕국에서 다시 한 번 추리시는 것이다.

## ② 천년왕국은 죄가 없는 나라여서 행동으로는 죄를 짓지 않고 살 수 있다

사람은 하나님을 믿으면서도 생각으로 죄를 짓듯이 육의 사람이 천년왕국에 들어갔다고 죄성까지 없진 않다.

다만, 죄가 없기 때문에 죄를 짓지 않을 뿐이다.

때문에 천년왕국에서 천수를 누리지 못하고 죽기도 하고, 천년왕국이 끝날 때 사탄에게 미혹 당해 지옥으로 끌려가기도 하는 것이다.

루시퍼가 잠시 잠깐 생각으로 지은 죄 때문에 쫓겨난 것과 같다.


## ③ 성안에서 영체로 살고 있는 백성들까지 사탄은 겁도 없이 공격한다

* 계20:9: "그들이 지면에 널리 퍼져 성도들의 진과 사랑하시는 성을 두르매 하늘에서 불이 내려와 그들을 태워버리고"

천년왕국 안에는 '성도들의 진'이 있고, '사랑하시는 성'이 있다.

이곳에서 영체들이 예수님과 함께 사는 것이다.

하나님은 이 성에 사는 영체들을 얼마나 사랑하시는지 이름에서도 그 사랑이 묻어난다.

순교자, 왕 같은 제사장들, 그리고 구원받은 자들이 사는 곳이다.

부활의 몸을 입은 이들은 육체가 아니기 때문에 미혹 당하지도 않고, 죽지도 않는다. 한 명의 희생자도 나오지 않는다.

이들은 영체로써 완전히 하나님의 보호 아래 들어갔다.

그것을 알면서도 사탄이 성안에 거주하는 영체들까지 공격하려 한다.

하나님이 가만두시겠는가?

하늘에서 불이 내려와 그들을 태워 버리신다.

### ④ 아버지를 아는 지식이 없으면 망한다

* 호4:6: "내 백성이 지식이 없으므로 망하는도다 네가 지식을 버렸으니 나도 너를 버려 내 제사장이 되지 못하게 할 것이요 네가 네 하나님의 율법을 잊었으니 나도 네 자녀들을 잊어버리리라"

사탄은 성도들에게 지식이 없어 망하게 하고 알쏭달쏭 혼란스럽게 해서 결국 버림받게 할 목적으로 접근한다.

말씀을 안다고 하지만 눈과 귀를 막고 실상은 반쪽짜리 지식으로 망하게 하는 것이다.

천년왕국에 들어가도 육의 사람을 미혹할 기회는 또다시 있다. 영체들이 양육하고, 예수님이 양육해도 건성으로 듣고 배우면 미혹 당한다.

안타깝게도 이런 자가 그때 지옥으로 끌려갈 곡과 마곡이다.

### ⑤ 천년왕국은 영원한 나라가 아니다, 성화 단계의 나라다

비록 믿음으로 구원받고 부활해서 천년왕국에서 사는 영체라 해도 그 상태에서는 영원한 천국, 새 하늘과 새 땅에 들어갈 수 없다.

왜냐하면, 아직은 영적으로 미성숙한 단계이기 때문이다.

때문에 천년왕국에서 예수님과 함께 살면서 영적 미성숙한 상태를 성숙의 단계, 즉 영화의 단계로 끌어올리려는 것이 천년왕국의 주된 목적이다.

따라서 천년왕국은 영원한 나라가 아니라 천 년이 되면 끝나는 나라다.

이 영원한 나라에 들어가기 위해 천년왕국에 먼저 들어가는 것이다.

천년왕국에서 떨어져 나가는 자는 영원한 나라에서는 필요 없는 자이다. 사탄은 이 작업에 사용된다.

영적으로 완전히 성숙된 자들만 영화의 나라, 영원한 나라에 들어간다.


## 4) 하나님은 천년왕국 이후를 계획하고 계신다

### ① 다시는 하나님의 이름을 더럽히지 않게 하기 위한 양육이다

* 겔39:6-7: "내가 또 불을 마곡과 및 섬에 평안히 거주하는 자에게 내리리니 내가 여호와인줄을 그들이 알리라, 내가 내 거룩한 이름을 내 백성 이스라엘 가운데에 알게 하여 다시는 내 거룩한 이름을 더럽히지 아니하게 하리니 내가 여호와 곧 이스라엘의 거룩한 자인 줄을 민족들이 알리라 하라"

천 년 동안 양육해도 안 되면 무 자르듯이 가차 없이 잘라 내신다.

하나님이 곡과 마곡을 희생하면서까지 바라시는 것은 단 한 가지다. 다시는 여호와의 거룩한 이름을 더럽히지 않게 하시기 위해서다.

두 번 다시 루시퍼의 반란처럼 영체가 하나님께 죄짓는 일이 없도록 천 년 동안 양육하시는 것이다. 결단코 사탄처럼 되는 일은 다시없을 것을 말씀하심이다. 그래서 하나님은 이렇게 말씀하신다.

"다시는 내 거룩한 이름을 더럽히지 아니하게 하리니", "내가 여호와인 줄 민족들이 알리라"

## ② 영원한 천국에서의 죄는 하나님께 죄짓는 죄이며, 하나님의 이름을 더럽히는 죄이다

그렇기 때문에 죄를 지을 만한 어떤 것도 용납하지 않으시는 것이다.

사실 천 년 동안, 그것도 예수님이 다스리시는 천년왕국에서 시청각 교육을 통해 양육을 받고도 확고한 믿음이 없다면 그 사람은 가망 없다고 봐야 할 것이다.

지금부터라도 영의 눈을 뜨고 성경 지식을 바르게 알아서 사탄의 미혹에 넘어가지 않기를 바란다. 그러기 위해서는 말씀을 제대로 알아야 한다.

# B. 사탄 지옥행

불 못, 지옥은 한번 들어가면 사탄이라 할지라도 나올 수 없는 곳이다.

그곳은 죽음도 없는 곳이다.

하나님 나라가 영원히 존재하고 영체들이 영원히 살듯이 지옥도 영원히 존재하고, 그곳에 들어간 자들도 죽음 없이 영원히 고통받는 곳이다.

## 1) 지옥의 참사

* 막9:42-49: "또 누구든지 나를 믿는 이 작은 자들 중 하나라도 실족하게 하면 차라리 연자 맷돌이 그 목에 매여 바다에 던져지는 것이 나으리라, 만일 네 손이 너를 범죄하게 하거든 찍어버리라 장애인으로 영생에 들어가는 것이 두 손을 가지고 지옥 곧 꺼지지 않는 불에 들어가는 것보다 나으니라, 만일 네 발이 너를 범죄하게 하거든 찍어버리라 다리 저는 자로 영생에 들어가는 것이 두발을 가지고 지옥에 던져지는 것보다 나으니라, 만일 네 눈이 너를 범죄하게 하거든 빼버리라 한눈으로 하나님의 나라에 들어가는 것이 두 눈을 가지고 지옥에 던져지는 것보다 나으니라, 거기에는 구더기도 죽지 않고 불도 꺼지지 아니하느니라, 사람마다 불로써 소금치듯 함을 받으리라"

① 하나님을 믿는 자를 실족시키는 일이 얼마나 무서운 죄인지를
  알아야 한다

지옥에 떨어지는 죄이다.

이는 예수 믿는 자를 올가미, 함정, 유혹, 죄에 빠지게 하는 것을 말한다. 실족해서든지 아니면 스스로 죄를 지었다든지 했다면 속히 그 죄에서 벗어나야 한다.

손, 발, 눈, 신체 어느 부위가 범죄하면 죄를 짓는 그 부위를 찍어 내 버리고 아버지 나라에 들어가는 것이 천만 번 잘하는 것이다.

죄지을 때마다 신체를 잘라 버리라는 것이 아니라 그런 단호한 마음으로 죄에서 벗어나라는 의미다.

왜냐하면, 처음엔 어느 부위가 죄를 짓지만, 결국 몸 전체가 죄를 짓게 된다. 그럼 아예 천국에 갈 수 없게 된다.

때문에 즉시 회개해서 용서받아야 한다.

지옥은 구더기도 죽지 않는 곳이다. 구더기는 풍선처럼 속이 텅 비어 있다. 구더기처럼 아무것도 없이 형체만 있는 나약한 존재라 할지라도 영원히 죽지 않는 곳이란 뜻이다.

불도 꺼지는 법이 없는 곳이다.

세상 불은 타다가 약해지기도 하고, 꺼지기도 한다.

지옥불은 다르다. 약해지지도 않고 꺼지지도 않고, 처음처럼 영원히 같은 온도로 탄다.

지옥불은 우리가 생각하는 빨간 불이 아니라 새까만 흑암의 불

이다.

사람마다 불로 소금 치듯 하는 곳이다.

고기를 굽거나 생선을 구울 때 소금을 뿌린다. 이때 소금이 불에 떨어지거나 고기 한 점이 불에 떨어지면 불꽃이 튀어 오르는 것을 볼 것이다.

특히, 살아 있는 왕새우 구이를 할 때 소금이 튀고, 새우가 튀는 것을 봤을 것이다. 뚜껑을 닫지 않으면 천장까지 튈 기세다.

새우나 고기가 말을 할 수 있다면 어떤 고함을 지를까?

살아 있으니 불로 소금 치듯함을 당한다. 영원히…. 지옥이란 이런 곳이라 예수님이 말씀하신다.

그러므로 범죄 하는 몸의 일부가 있다면 그 몸의 일부를 도려낼 각오로 믿음 생활해야 한다.

② 사람들은 말한다. 불공평하다고

지옥 간 사람들도 죗값을 받았으면 천국으로 보내주셔야 하지 않느냐고. 아니면 영원히 '무'가 되게, 없어지게 해서 고통받지 않게 해줘야 하는 것 아니냐는 말을 한다.

이는 영의 나라에 대한 지식이 없어서 하는 말이다.

세상은 아무리 큰 죄를 지어도 죽으면 면죄부를 주고 더 이상 죄를 묻지 않지만, 영의 나라는 죽음이 없다. 또한, 이들의 죄는 영원형이다.

때문에 영원한 형벌을 받는 것이다.

그러므로 세상 상식을 가지고 왈가왈부할 수 없는 것이다.

영의 나라는 천국이든, 지옥이든 똑같은 룰에 의해 영원히 존재한다.

천국과 지옥은 죽음이 없이 영원히 사는 나라다.

천국과 지옥은 영체를 입고 사는 나라다.

천국과 지옥은 용서라는 것이 없는 나라다.

천국과 지옥은 이 세상에서 평생 살아온 그대로 평가받고, 그 평가대로 한치의 더하고 뺌도 없이 영원히 사는 나라다.

천국과 지옥은 이 세상에서처럼 열심히 일해서 더 좋은 것과 더 많은 것을 쌓고 누릴 수 있는 나라도 아니다.

천국과 지옥은 이동하는 일 없이 한 번 들어간 그곳에서 영원히 사는 나라다.

영의 나라는 천국과 지옥, 둘 뿐인데 이들 중에 이사를 가거나 이민을 오는 것이 허용되지 않는 나라다.

때문에 죽을 때 천국과 지옥이 정해지면 영원히 그곳에서 살 수밖에 없다. 천국은 선만 있고 지옥은 악만 있는 나라가 천국과 지옥이다.

❖ **사후 신앙을 믿는 성도들이 있다**(인터넷 내용).

인터넷 기사 내용을 보면 죽은 자가 지옥 갈 만큼 죄를 짓지는 않았고, 그렇다고 천국 갈 수 있지도 않은 자에게 해당한다고 한다.

이들은 그 죗값을 다 치를 때까지 불 속에서 산다고 한다.

이때 이 세상에 사는 가족이 그를 위해 헌금을 하고 기도를 대신 드리면 천국으로 옮겨진다는 것이다.

때문에 살아 있는 자가, 죽어서 천국에 가지 못하고 있는 자를 불쌍히 여겨 남은 죄를 해결한다고 하는 기도다.

어떻게? 헌금과 기도를 드리면 그것이 불이 되어 그 불로 남은 죄를 태우고 죽은 자는 천국으로 가게 된다고 한다.

그들이 근거로 드는 말씀 벧전3:19, 4:6, 고전15:29이다.

성도님들은 아실 것이다.

예수님이 십자가에서 죽으시고 부활하시기 전 옥에 있는 영들에게 가서 무엇을 선포하셨는지, 천국으로 갈 수 있도록 전도하신 것이 아니라는 것을 이미 전했기 때문에 기억하실 것이다.

안타깝지만 살아 있는 사람이 죽은 자를 위한 매년 기도를 드리고, 헌금을 해도 죽은 자는 천국으로 갈 수 없다.

교회에 다니긴 했지만 예수를 믿지 못하고, 천국과 지옥을 믿지 못하고 죽은 자는 안타깝지만 매년 기도해도 천국으로 갈 수 없다.

왜냐하면, 천국과 지옥의 중간이 없기 때문에 갈 수 있는 방법이 없다.

지옥에 간 자들은 예수 믿지 않은 자거나 설믿은 자이고, 죄를 회개하지 않고 죽은 자들이다.

그 죄는 세상에서는 별것 아닌 것 같아도 죽는 순간 천국과 지옥이 결정된다는 사실을 꼭 기억하고 믿음 생활해야 한다.

영의 나라는 이동이 불가능하다. 죽는 순간 정해진 그 나라에서 영원히 살 수밖에 없는 것이다.

어중간한 연옥 같은 중간 단계는 없기 때문이다.

그러니 살아 있을 때 후회 없이 전도하고 살아 있을 때 믿음 생활 잘하시길 바란다.

### ③ 불 못과 불꽃의 차이

#### ❖ 불 못

불 못은 불의 한가운데를 말한다. 태풍의 눈이 있듯이 불의 눈을 말한다. 가장 뜨거운 불구덩이, 불의 핵이다.

이곳에서 불이 점점 번져 나가기 때문에 가장 뜨거운 곳이다.

불 못은 온도 변화가 없기 때문에 움직임 또한 없는 곳이다.

#### ❖ 불꽃은 불의 가장자리를 말한다.

불꽃은 여러 가지 변화에 따라 불이 일렁이며 타는 곳이다.

이곳은 그나마 온도의 변화가 조금은 있는 곳으로 봐야 할 것이다.

불 못이든, 불꽃이든 이 불은 빨간 불이 아니라 가장 온도가 높은 검은 불, 흑암의 불이다.

죽지도 않고 영원히 흑암의 불구덩이 속에서 고통당하는 곳이 지옥이고, 지옥의 참사다.

## 2) 지옥에 들어가는 순서

### ① 첫 번째: 바다짐승과 땅의 짐승이 지옥 불에 던져진다

* 계19:20: "짐승이 잡히고 그 앞에서 표적을 행하던 거짓 선지자도 함께 잡혔으니 이는 짐승의 표를 받고 그의 우상에게 경배하던 자들을 표적으로 미혹하던 자라 이 둘이 산채로 유황불 붙는 못에 던져지고"

바다짐승과 땅 짐승으로 표현되는 두 사람이 가장 먼저 지옥 불에 던져진다. 사람으로서는 처음으로, 죽지도 않은 산 채로 던져진다.

그것도 사탄보다도 천 년이나 먼저 지옥에 들어간 자가 바다짐 승과 땅의 짐승이다.

일반적으로 사람은 백보좌 심판을 받고 지옥에 던져지지만, 두 짐승은 백보좌 심판을 받을 것도 없이 지옥으로 직행한다.

이 말은 그만큼 죄가 중하다는 것이다.

사탄과 그의 사자들은 원래 영체니까 당연하지만, 두 짐승은 육의 사람이다. 사람이라면 누구나 백보좌 심판을 받고 지옥에 떨어진다.

하지만 이들의 죄가 얼마나 무거우면 사탄보다도 먼저 백보좌 심판도 받지 않고, 그것도 죽지 않고 살아 있는 육체로 유황 불

못에 던져진다.

두 짐승은 천년왕국이 이루어지기 직전에 지옥에 떨어진다.

때문에 사탄보다도 천 년 먼저 산채로 들어가는 것이다.

바다짐승과 땅 짐승의 가장 큰 죄는 사탄을 섬기고 수많은 사람을 미혹하여 짐승에게 절하게 하고 우상을 섬기게 해서 666을 받게 하고 지옥 백성 만든 죄이다.

이것이 그렇게도 큰 죄일까?

* 마18:6: "누구든지 나를 믿는 이 작은 자 중 하나를 실족하게 하면 차라리 연자 맷돌이 그 목에 달려서 깊은 바다에 빠뜨려지는 것이 나으니라"

한두 명도 아니고, 수많은 하나님의 백성을 지옥 백성 만들었다.

예수 믿지 않던 자들이야 스스로 짐승을 섬기고 알아서 666을 받았겠지만, 그렇게 받기 싫어하고 죽도록 도망 다니던 믿는 자들을 잡아서 사탄 앞에 무릎 꿇린 죄이다.

얼마나 많은 자가 알면서도 울며 겨자 먹기로 666을 받겠는가?

두 짐승은 하나님의 일에 정면으로 반기를 든 자들이다.

왜냐하면, 하나님은 어떻게든 사람을 살리려고 하시는데, 두 짐승은 무슨 수를 써서든 죽이는 일을 했기 때문이다.

두 짐승으로 인해 수많은 하나님의 백성들이 보호처에 들어가지 못했고, 천년왕국에 들어가지 못했고, 결국 영원한 나라 새 하늘과 새 땅에 들어가지 못하게 한 죄는 말할 수 없이 큰 죄이다.

하나님의 백성들의 생명을 앗아간 죄이다. 생명은 하나님 것인데, 하나님 것을 도둑질했다. 도저히 용서할 수 없는 것이다.

육의 몸, 산 채로 지옥 불에 던져지는 자들이다.

## ② 두 번째: 사탄과 그의 사자들이 백보좌 심판 전에 지옥 불에 던져진다

*계20:10: "또 그들을 미혹하는 마귀가 불과 유황못에 던져지니 거기는 그 짐승과 거짓 선지자도 있어 세세토록 밤낮 괴로움을 받으리라"

영원한 지옥 흑암의 불 못, 그 지옥에 사탄과 그의 사자들이 던져진다.

## ③ 세 번째: 백보좌 심판을 받은 후 예수 믿지 않은 모든 자가 지옥 불에 던져진다

백보좌 심판은 영으로 받는 것이 아니다. 백보좌 심판을 받을 때 그들도 영의 몸, 영체를 입는다. 그리고 심판대 앞에 서게 된다. 심판을 받고 나면 영체로 영원한 지옥 흑암의 불 속으로 그들도 떨어진다.

# C. 백 보좌 심판

## 1) 하나님의 심판은 백보좌 심판이다

* 계20:11-15: "또 내가 크고 흰 보좌와 그 위에 앉으신 이를 보니 땅과 하늘이 그 앞에서 피하여 간데 없더라, 또 내가 보니 죽은 자들이 큰 자나 작은 자나 그 보좌 앞에 서 있는데 책들이 펴있고 또 다른 책이 펴졌으니 곧 생명책이라 죽은 자들이 자기 행위를 따라 책들에 기록된 대로 심판을 받으니, 바다가 그 가운데에서 죽은 자들을 내주고 또 사망과 음부도 그 가운데에서 죽은 자들을 내주매 각 사람이 자기의 행위대로 심판을 받고, 사망과 음부도 불 못에 던져지니 이것은 둘째사망 곧 불 못이라, 누구든지 생명책에 기록되지 못한자는 불못에 던져지더라"

### ① 흰 보좌란 하나님의 보좌가 흰색으로 되어 있기 때문에 붙여진 이름이다

황금색도 있고, 무지개색도 있는데 왜 흰색일까? 이유는 깨끗함의 심판이기 때문이다. 흰색이 상징하듯 죄의 유무를 심판하신다. 때문에 다른 색이 아닌 흰 보좌에 앉으시는 것이다.

백보좌 심판은 하나님의 공의의 심판이다.

하나님은 근거를 가지고 심판하신다. 말씀에 근거한 행위록에 기록된 대로의 심판이다.

## ② 백보좌 심판은 하나님의 심판이다

하나님의 심판은 예수 믿은 자와 믿지 않은 자, 이 세상에 태어났던 모든 자 전부를 심판하시는 영생과 영벌에 대한 심판이다.

때문에 하나님의 심판은 영원한 하나님 나라와 영원한 지옥으로 나뉘는 최후의 심판이다.

양과 염소로 우편과 좌편으로, 천국 백성과 지옥 백성으로 영원히 갈라지는 심판이 백보좌 심판이다.

## ③ 백보좌 심판은 성부 성자 성령 하나님이 직접 하신다

* 롬3:30: "할례자도 믿음으로 말미암아 또한 무 할례자도 믿음으로 말미암아 의롭다 하실 하나님은 한 분이시니라"

백보좌 심판 때 성부, 성자, 성령 하나님은 한 분으로, 예수 믿은 자와 믿지 않은 자를 가르신다.

아무리 지옥 갈 자라 하더라도 심판도 받지 않고 지옥에 넣지는 않으신다(두 짐승 빼고).

## ❖ 백보좌 심판 때 예수그리스도께서는 어디 계실까?

* 골3:1: "그러므로 너희가 그리스도와 함께 다시 살리심을 받았으면 위의 것을 찾으라 거기는 그리스도께서 하나님 우편에 앉아 계시느니라"

* 딤전2:5: "하나님은 한분이시오 또 하나님과 사람사이에 중보자도 한 분이시니 곧 사람이신 그리스도 예수라"

예수 그리스도께서는 부활하여 하늘에 오르신 이후 하나님 우편에 계시면서 우리를 위해 간구하신다.

천년왕국 때는 왕으로서 우리를 다스리신다.

백보좌 심판 때는 중보자로서 하나님 앞에서 우리를 중보하신다.

중보자로 나서신 이유는 믿는 자를 변호하기 위해서다.

예수님의 중보로 우리는 의롭다 여기심을 받아 새 하늘과 새 땅에 들어가 영원히 살 수 있게 되는 것이다.

때문에 백보좌 심판은 성부 성자 성령 하나님이 함께하시는 심판이다.


② **백보좌 위의 책**(생명록과 행위록)

❖ **생명록은 하나님 나라 백성 이름을 기록한 책이다.**

생명록에 이름이 없는 자는 천국 백성이 아니다. 전부 지옥에 들어갈 지옥 백성이다.

구원받아 천국에 갈 자는 모두가 이 생명록에 이름이 기록되어 있다.

주의 일을 많이 한자나 적게 한자나 예수를 구주로 믿는 자라면 누구나 이 생명록에 이름이 기록되어 있다. 말씀드렸듯이 생명록에 기록되었다고 모두가 면류관을 쓰고 왕 같은 제사장으로 사는 것은 아니다.

아버지 나라에 들어가서 살 수 있는 조건, 천국 입장권을 받을 자들의 명단을 기록한 책이 생명록이다.

## ❖ 또 한 권은 행위록 책이다.

행위록에는 사람이 이 세상에 살 때의 행함이 그대로 적혀 있는 책이다.

천국 백성 중에는 말씀대로 행한 기록이 없는 자도 있고, 띄엄띄엄 기록이 있는 자도 있고, 빼곡히 적혀 있는 자도 있을 것이다.

그러므로 천국 백성은 행위록에 많이 기록될수록 좋은 집에서 면류관을 쓰고 왕 같은 제사장으로 주님 좌우편에 앉는 영광을 누릴 것이다.

대통령 좌우편에 앉는 자가 실세인 것처럼 왕이신 예수님 좌우편에 앉는 자는 그만큼 대단한 영광을 누릴 자들이다.

예수님은 구원받은 자들 모두와 함께 영원히 사실 것이나 행위록에 기록된 중량에 따라 하늘나라에서의 우리의 삶은 달라질 것이다.

천국 백성이라고 전부 상 받을 일만 한 것은 아니다.

행위록에 죄와 잘못한 것이 기록에 없는 것은 아니지만, 이 죄는 예수 그리스도의 보혈로 용서받았다. 때문에 예수께서 중보자가 되시어 의롭다 해 주셨기 때문에 죄에 대한 심판을 받지 않는 것뿐이다.

그러므로 천국 백성은 말씀대로 행한, 즉 행함에 대한 상급과 면류관을 주시기 위한 책이 되는 것이다.

행위록은 믿는 자만의 책이다? 이렇게 알고 있을지도 모른다.

12절을 잘 보면 지옥 백성도 그들의 행위를 기록한 책들이 있다.

12절 다시 한 번 자세히 읽어 보자.

* 계20:12: "또 내가 보니 죽은 자들이 큰자나 작은자나 그 보좌 앞에 서 있는데 책들이 펴있고 또 다른 책이 펴졌으니 곧 생명책이라 죽은 자들이 자기 행위를 따라 책들에 기록된 대로 심판을 받으니"

천국 백성만 상 주시기 위해 기록한 책이 행위록이라 생각할 수 있지만 아니다.

지옥 갈 자들도 그들의 행위록이 있다는 사실이다. 지옥 갈 자들도 그들의 악한 행위가 기록된 대로 심판하신다.

때문에 예수 믿지 않고 죽은 자들도 심판을 받기 위해서는 각자 행위록이 있어야 한다.

어차피 지옥 갈 거니까 한꺼번에 지옥 땅, 땅, 땅 끝나는 것이 아니다.

얼마나 악하게 살았는지, 얼마나 성도를 괴롭혔는지, 얼마나 하나님의 일을 방해했는지에 대한 행위가 기록된 책이 행위록이다.

이 책을 근거로 해서 공의의 심판을 하신다.

태어나서 죽는 순간까지 상 줄 자와 벌줄 자의 행위가 빼곡히 적혀 있는 책이 행위록이다.

이때는 불쌍해서, 또는 긍휼이 아닌 오직 공의, 하나님의 법으로만 심판하신다.

하나님의 백성들이 행위록에 따라 상급과 면류관을 받듯이 이들도 행위록에 기록된 대로 심판을 받고 지옥 안에서의 영원히 살 장소가 정해질 것이다.

이때 더 고통스러운 곳과 덜 고통스러운 곳이 정해지는 것이다.

행위록에 기록된 것이 많을수록 지옥 중에서도 견디기 힘든 곳이 자신의 자리가 될 것이다.

### ③ 이 세상을 거쳐 간 사람은 누구나 백보좌 심판대 앞에 선다

#### ❖ 예수 믿지 않고 죽은 자들

* 마25:33: "양은 그 오른편에 염소는 왼편에 두리라"

* 요5:29: "선한 일을 행한 자는 생명의 부활로 악한 일을 행한자는 심판의 부활로 나오리라"

예수 믿지 않고 죽은 영이 어떻게 심판대 앞에 서 있을까?

백보좌 심판 때 이 영들도 영의 몸, 영체를 갖게 된다. 또 육체였던 곡과 마곡도 이때 영체를 입게 된다.

그러므로 큰 자나 작은 자나 모두 심판대 앞에 설 수 있는 것이다.

때문에 백보좌 심판 때는 모두가 영체를 입고 오른편엔 예수 믿는 자, 왼편엔 예수 믿지 않는 자가 서서 심판을 받는 것이다.

그래야 심판을 받지 영만 있는 상태에선 아무것도 할 수 없다.

이것은 낙원에 있던 순교자의 영들이 제단 아래에 엎드려 간구하던 것을 생각해 보면 알 수 있다. 영만 있어서는 아무것도 할 수 없다.

백보좌 심판을 받기 위해서는 영의 몸을 입어야 한다. 이들은 이때 영의 몸을 입고 왼편 심판대 앞에 서는 것이다.

심판이 끝나면 영체를 입은 그대로 영원한 지옥으로 들어가는 것이다.

## ❖ 예수 믿고 천년왕국에 들어갔던 자들

이들은 이미 공중 재림 때 영체를 입었다.

오른편에 서 있는 영체들은 생명록에 기록된 자들로써 천년왕국에 들어갔을 뿐 아니라, 행위록에 기록된 대로 도성에서 살 영체는 도성에서, 성안에 살 영체는 성안에서 살았다.

모두가 이 세상에서 주를 위해 수고한 것이 하나도 빠짐없이 벌써 천년왕국에서 행위록에 기록된 대로 누리며 산 자들이다.

몸이 있기에 왕으로, 제사장으로, 백성으로 천년왕국에서 살았다.

또 성 밖에서는 육의 몸을 입은 자들이 살았다.

육의 몸이었던 곡과 마곡도 백보좌 심판 때 영체를 입고 미혹된 자는 왼편에 미혹되지 않은 자는 오른편에 선다.

아담 때부터 이 땅에서 사람으로 살았던 자 전체가 예수 믿은 자나 믿지 않은 자나 모두가 영의 몸으로 하나님의 백보좌 심판을 받는다.

왼편에는 백보좌 심판을 받고 지옥에 떨어지기 위해 부활한 자들이다.

## ④ 받을 것 다 받고 천년왕국에서 살다 온 영체들이 백보좌 심판 대 앞에 선 이유는 무엇일까?

* 마25:31-41: "인자가 자기 영광으로 모든 천사와 함께 올 때에 자기 영광의 보좌에 앉으리니, 모든 족속을 그 앞에 모으고 각각 구분하기를 목자가 양과 염소를 구분하는 것같이 하여, 양은 그 오른편에 염소는 왼편에 두리라, 그때에 임금이 그 오른편에 있는 자들에게 이르시되 내 아버지께 복받을 자들이여 나아와 창세로부터 너희를 위하여 예비된 나라를 상속받으라, 내가 주릴 때에 마시게 하였고 나그네 되었을때에 영접하였고, 헐벗었을때에 옷을 입혔고 병들었을때에 돌보았고 옥에 갇혔을때에 와서 보았느니라, 이에 의인들이 대답하여 이르되 주여 우리가 어느때에 주께서 주리신 것을 보고 음식을 대접하였으며 목마르신 것을 보고 마시게 하였나이까, 어느때에 나그네 되신 것이나 옥에 갇히신 것을 보고 가서 뵈었나이까 하리니, 임금이 대답하여 이르시되 내가 진실로 너희에게 이르노니 너희가 여기 내 형제중에 지극히 작은자 하나에게 한 것이 곧 내게 한 것이니라 하시고, 또 왼편에 있는 자들에게 이르시되 저주를 받은 자들아 나를 떠나 마귀와 그 사자들을 위하여 예비된 영원한 불에 들어가라"

줬다 뺏는다는 것은 모순이다.

예수님은 자신의 것을 이미 부활한 자들에게 상속해 주셨다. 이것은 행위록에 기록된 대로 왕으로 제사장으로 이미 보상해 주셨다.

주님이 주셔서 천년왕국 때 이미 받아 누린 것을 이제 천년왕국이 끝났으니 반납하라, 반납하고 백보좌 심판을 다시 받아라 한다면 이보다 더한 모순이 어디 있겠는가?

이들은 이미 죄를 용서받았기에 생명록에 이름이 기록된 자들이다. 그래서 천년왕국에도 들어갔고, 또 천년왕국에서는 행위록에 기록된 대로 왕이 주시는 상급도 받았다.

그런데도 백보좌 앞에 서 있다.

이들이 백보좌 앞에 서 있는 이유는 무엇일까?

모든 사람은 죄인으로서 백보좌 심판을 받아야 하는 것이 당연하기 때문이다.

예수를 믿는 자는 용서받은 의인이라 칭해 주셨기 때문에 왕 같은 제사장이 되었을 뿐이다.

정말 죄가 없어서 왕 같은 제사장이 된 것이 아니다.

왼편에 서서 심판을 받고 지옥으로 가야 했는데 예수를 믿음으로 천국 백성 삼아 주실 뿐 아니라 분에 넘치는 상급까지 주셨다.

이에 감격해서 왼편에 있는 자들 앞에서 하나님 아버지께 영광을 돌리기 위해서, 백보좌 심판대 앞에 선 것이다.

결코 천년왕국에서의 모든 권한을 빼앗고 다시 심판을 받기 위해서 백보좌 심판대 앞에 선 것이 아니다.

여호와 하나님이 왕이신 것을 지옥 백성 앞에서 드러내는 것이다.

영원한 천국에 들어가는 것에 대해 감사와 분에 넘치는 상속을 주신 것에 대한 감사와 영광을 아버지께 돌리기 위한 것이다.

천년왕국에서 받은 상속과 상급에 대한 것은 영원하다.


## ⑤ 백보좌 심판에는 산 자들에 대한 말씀이 없다

부활하여 천년왕국에서 나와 오른편에 서 있는 자들에 대한 말씀이 없다. 잘했다는 칭찬만 있다.

그러므로 구원받은 자에게 있어서 백보좌 심판은 하나님께 영광을 돌리는 자리이고, 감사하는 자리이다.

이들 중에서 다시 심판받고 누군가 지옥에 떨어지는 자리가 아니다.


## ⑥ 백보좌 심판은 결론적으로 죽은 자, 지옥 갈 자들을 심판하는 마지막 심판이다

* 계20:13-15: "바다가 그 가운데에서 죽은 자들을 내주고 또 사망과 음부도 그 가운데에서 죽은 자들을 내주매 각 사람이 자기의 행위대로 심판을 받고, 사망과 음부도 불못에 던져지니 이것은 둘째 사망 곧 불못이라, 누구든지 생명책에 기록되지 못한 자는 불 못에 던져지더라"

백보좌 앞에 서 있는 '죽은 자들'에게라 계속해 말씀한다.

태초부터 이 세상에 살았던 자는 큰 자나 작은 자나 다 죽었다. 큰 자, 작은 자란 키가 크고 작음의 말씀이 아니다. 세상에서 얼마나 영향력 있게 살았는가에 대한 크고 작음이다.

천지창조 이후 죽은 모든 자가 심판을 받는다. 이 심판이 백보좌 심판이고, 마지막 심판이고, 둘째 사망이다.

이들은 생명록에 이름이 없는 자들이다.

그중에는 선한 일을 많이 한 자도 있고, 착하게 산 자도 많을 것이다. 그래도 생명록에 이름이 없는 자는 지옥 백성이다.

생명이 없는데 착한 행위가 무슨 소용이 있겠는가? 아무짝에도 쓸모없다. 천국과 지옥의 기준은 선하고 착하고가 아닌 오직 예수 믿었는가로 판단한다. 그 후 행위록에 선하고 착한 기준에 따라 천국과 지옥에서의 삶이 달라지는 것이다.


❖ **영의 나라는 천국이든, 지옥이든 같은 원리로 영원하다.**

육의 나라가 민주주의든, 공산주의든 기본적으로 사람이 사는 방식이 같은 것처럼 영의 나라도 천국이든, 지옥이든 영체가 사는 방식은 같다.

두 나라 다 영의 몸, 영체를 입는다. 두 나라 다 영원히 산다.

두 나라 다 이 세상에서의 행함이 행위록에 기록된 대로 산다.

얼마나 많이 기록되었는가에 따라 자신이 거할 영원한 장소가 정해진다. 때문에 생명록에 이름이 기록된 자는 얼마나 많은 선한 행위가 기록되었는지를 보고 사는 집과 옷과 왕 같은 삶이 정해진다.

일한 대로 갚아 주시어 천국에서 성안과 도성에 사는 자가 있는 것처럼 지옥에도 악한 행함들이 가득한 행위록에 따라 이들도 소위 말하는 지옥 중에서도 가장 괴로운 상석과 하석으로 나뉠 것이다.

이 세상은 선과 악이 섞여 있지만 두 나라는 선한 나라는 선만, 악한 나라는 악만 있다.

\* 14절: 사망과 음부도 불 못에 던져진다

사망과 음부도 불구덩이 지옥에 던져지는 심판이 백보좌 심판이며, 마지막 심판이다. 마지막이 왔으니 사망도 음부도 더 이상 쓸모없다.

이제 영원한 불 못, 흑암의 지옥 불에 던져진다. 마지막이란 뜻이다.


❖ **백보좌 심판의 결론은 마25:46이다.**

"그들은 영벌에 의인들은 영생에 들어가리라 하시니라"

예수 믿지 않은 자 모두는 백보좌 심판을 받고 지옥 불에 떨어진다.

예수를 믿긴 믿었으나 예수를 부인한 자, 짐승에게 경배하고 666을 받은 자들도 백보좌 심판을 받고 지옥으로 떨어진다. 영원히….


## 2) 예수님의 심판은 상속의 심판이다

### ① 예수님의 심판은 천년왕국에서의 상속의 심판이다

\* 요16:15: "무릇 아버지께 있는 것은 다 내 것이라 그러므로 내가 말하기를 그가 내 것을 가지고 너희에게 알리시리라 하였노라"

\* 마25:34: "그 때에 임금이 그 오른편에 있는 자들에게 이르시되 내 아버지께 복 받은 자들이여 나아와 창세로부터 너희를 위하여 예비된 나

라를 상속 받으라"

예수님의 심판은 백보좌 심판이 아니다.

천년왕국에서 예수님 것을 각자에게 일한대로 나눠 주시는 심판이다. 천년왕국에 들어간 자들에 대한 상속의 심판이다.

"너희를 위하여 예비된 나라를 상속받으라" 상속의 심판이다.

상속을 받는데 왜 심판일까?

상속이란 재산의 일부를 나눠주는 것이다.

따라서 가진 자와 못 가진 자의 심판이다.

누구에게나 똑같은 상속이 아니기 때문에 박탈감에서 오는 심판이고, 후회와 부끄러움의 심판이다.

왕 같은 제사장의 상속을 받는 자와 아무것도 받을 상속이 없이 구원만 받은 자와의 상속의 차이는 하늘과 땅 차이다.

또한, 왕 같은 제사장 중에서도 해, 달, 별의 차이, 별과 별의 차이가 나는 것처럼 상속의 차이가 날 것을 말씀하신다.

이 상속은 천국 백성들 간에 영원히 넘지 못할 예수님의 심판이다.

그러므로 예수님의 심판은 지옥에 넣기 위한 심판이 아니라 믿는 자들의 상급에 대한 심판이다.

행위록에 기록된 대로 왕 같은 제사장으로 천년왕국에서 살게 하기 위한 상속권에 대한 심판이고, 또한 이 상속은 새 예루살렘에서도 똑같이 적용되고 영원히 유지된다.

상속의 조건은 이 세상에서 어떻게 살았는가 하는 행함과 달란트대로 평가하여 상속을 많이 받는 자도 있고, 적게 받는 자도 있고, 아예 받을 상속이 없는 자도 있게 된다.

각자 일한 만큼 각자 수고의 대가만큼 상급이 다르고 보상을 다르게 받는다. 이 상급과 면류관으로 새 예루살렘에 들어가서 살 위치가 결정되고 권세와 영광과 지위가 정해지는 것이다.

이것이 예수님의 심판이다.

그 결과 어떤 자는 분에 넘치도록 감사할 것이고, 어떤 자는 아무것도 상속받을 것이 없어 불구덩이에서 나온 자처럼 부끄럽기 짝이 없는 심판일 것이다.


② 이 심판은 영원하다

하나님 백성이 된 영체는 영원히 죽지 않고 기쁨과 즐거움과 평안과 행복만이 넘치는 무한대의 삶을 살 것이다.

지옥 백성이 된 영체도 영원히 죽지 않고 슬픔과 아픔과 괴로움과 절망뿐인 삶을 이들도 무한대로 살 것이다.

천년왕국이 끝나면 새 하늘과 새 땅 시대가 온다.

이 영원한 나라에서 성부, 성자, 성령 하나님 모시고 천사처럼 영원히 사는 모두가 되길 축복한다.

# 15

새 하늘과 새 땅, 영원한 천국 낙원, 일곱 교회

## ♦ 예수 믿는 수많은 성도가 말하는 천국

천년왕국과 새 하늘과 새 땅에 세워질 새 예루살렘을 따로가 아닌 합해서 하나의 나라, 하늘나라로 알고 있는 분들이 많은 것으로 안다.

지금까지 그렇게 알고 있거나 두리뭉실 기억하고 믿고 있을 것이다.

정확히 말하면 천년왕국 따로 새 예루살렘 따로다. 이 말씀은 전하겠다.

# A. 새 하늘과 새 땅

새 하늘과 새 땅이 한자어로는 新天新地다.

천년왕국처럼 확실한 명칭이 아니라 새 하늘과 새 땅을 자연스럽게 한자어로 신천신지라 불렀다.

新天地는 뜻도 맞지 않을 뿐 아니라 오해의 소지가 있으니 성경에 나온 대로 새 하늘과 새 땅이나 영원한 천국으로 부르는 것이 더 적합하다고 본다. 또 잠시 후에 전하겠지만 새 하늘과 새 땅의 이름은 따로 있다.

## 1) 지금의 땅과 하늘이 간데없고 천지 만물도 사라진다
### ① 하늘이 큰 소리로 떠나간다

* 벧후3:4-13: "이르되 주께서 강림하신다는 약속이 어디 있느냐 조상들이 잔 후로부터 만물이 처음 창조될 때와 같이 그냥 있다 하니, 이는 하늘이 옛적부터 있는 것과 땅이 물에서 나와 물로 성립된 것도 하나님의 말씀으로 된 것을 그들이 일부러 잊으려 함이로다, 이로 말미암아 그 때에 세상은 물이 넘침으로 멸망하였으되, 이제 하늘과 땅은 그 동일한 말씀으로 불사르기 위하여 보호하신바 되어 경건하지 아니한 사람들의 심판과 멸망의 날까지 보존하여 두신 것이라, 사랑하는 자들아 주께는 하루가 천년같고 천년이 하루 같다는 이 한 가지를 잊지 말라, 주의 약

속은 어떤 이들이 더디다고 생각하는 것같이 더딘 것이 아니라 오직 주께서는 너희를 대하여 오래 참으사 아무도 멸망하지 아니하고 다 회개하기에 이르기를 원하시느니라. 그러나 주의 날이 도둑같이 오리니 그날에는 하늘이 큰 소리로 떠나가고 물질이 뜨거운 불에 풀어지고 땅과 그중에 있는 모든 일이 드러나리로다. 이 모든 것이 이렇게 풀어지리니 너희가 어떠한 사람이 되어야 마땅하냐 거룩한 행실과 경건함으로, 하나님의 날이 임하기를 바라보고 간절히 사모하라 그날에 하늘이 불에 타서 풀어지고 물질이 뜨거운 불에 녹아지려니와. 우리는 그의 약속대로 의가 있는 곳인 새 하늘과 새 땅을 바라보도다"

사람들은 만물이 처음 창조될 때처럼 그대로 있다 비웃지만, 마지막 때가 임하는 그 날에는 하늘과 땅이 큰 소리로 떠나간다.

어떻게 떠나갈까? 불에 타서 풀어지고 다 녹아 없어진다.

천년왕국 때는 땅을 뒤집어엎으시고 지금의 하늘과 땅을 리모델링해서 재사용하셨다.

그러나 새 하늘과 새 땅 때에는 지금의 하늘과 땅은 폐기처분된다.

세상 물질은 하나도 남김없이 뜨거운 불에 타서 녹아 없어진다.

땅도, 하늘도, 해, 달, 별도 다 불에 녹아 없어진다.


② 언제 처음 하늘과 처음 땅이 불에 타 없어질까?

* 계20:11: "또 내가 크고 흰 보좌와 그 위에 앉으신 이를 보니 땅과 하

늘이 그 앞에서 피하여 간데 없더라"

* 계21:1: "또 내가 새 하늘과 새 땅을 보니 처음 하늘과 처음 땅이 없어졌고 바다도 다시 있지 않더라"

천지창조 때 만드신 하늘과 땅, 세상 모든 것이 불에 타 없어지는 때는 언제일까? 천년왕국 시대가 끝나고 나면 모두가 백보좌 심판을 받는다.

이때 이 땅은 온전히 비어 있다.

사탄은 이미 지옥에 들어갔고, 무저갱에 있던 사람의 영은 영체가 되어 백보좌 심판을 받으러 하나님 보좌 앞에 나와 있고, 천년왕국에서 살던 영체들도 백보좌 심판을 받기 위해 하나님 보좌 앞에 나와 있다.

이때 텅 비어 있는 하늘과 땅이 파기된다.

그 안에 있던 세상 모든 것과 해, 달, 별이 불에 타 없어진다.


## 2) 하늘은 일층천 이층천, 삼층천으로 되어 있다

* 신10:14: "하늘과 모든 하늘의 하늘과 땅과 그 위의 만물은 본래 네 하나님 여호와께 속한 것이로되"

"하늘과 모든 하늘의 하늘" 하늘은 하나가 아니라 말씀하신다.

성경엔 일층천, 이층천, 삼층천이란 직접적인 단어는 없지만 처음 하늘, 흑암, 셋째 하늘로 언급되어 있다.

## ① 처음 하늘에 대한 말씀(일층천)

* 창1:6-8: "하나님이 이르시되 물 가운데에 궁창이 있어 물과 물로 나뉘라 하시고, 하나님이 궁창을 만드사 궁창 아래의 물과 궁창위의 물로 나뉘게 하시니 그대로 되니라, 하나님이 궁창을 하늘이라 부르시니라 저녁이 되고 아침이 되니 이는 둘째 날이니라"

* 계21:1: "또 내가 새하늘과 새땅을 보니 처음 하늘과 처음 땅이 없어졌고 바다도 다시 있지 않더라"

처음 하늘이라 하신 하늘은 일층천 하늘이다.

천지창조 때 만드신 하늘이고, 사람과 이 세상을 위한 하늘이다.

이는 우리가 볼 수 있는 하늘이다. 구름이 떠다니고 새와 비행기가 날아다니는 하늘이 우리가 보는 하늘이고, 이 하늘이 처음 하늘이며, 일층천 하늘이다.

천지창조 때부터 천년왕국 때까지 사용하는 하늘이다.


## ② 둘째 하늘에 대한 말씀(이층천)

* 유1:6: "또 자기 지위를 지키지 아니하고 자기 처소를 떠난 천사들을 큰 날의 심판까지 영원한 결박으로 흑암에 가두셨으며"

* 계12:7-9: "하늘에 전쟁이 있으니 미가엘과 그의 사자들이 용과 더불어 싸울새 용과 그의 사자들도 싸우나, 이기지 못하여 다시 하늘에서 그들이 있을 곳을 얻지 못한지라, 큰 용이 내 쫓기니 옛뱀 곧 마귀라고도 하고 사탄이라고도 하며 온 천하를 꾀는 자라 그가 땅으로 내 쫓기

니 그의 사자들도 그와 함께 내쫓기니라"

용은 사탄을 말한다. 사탄과 타락한 천사들이 있었던 곳은 무
저갱이고, 무저갱은 흑암의 구덩이다.

하늘에서 왜 미가엘과 사탄이 싸우겠는가, 하늘전쟁을 왜 했겠는가.

사탄의 본거지가 하늘에 있기 때문이다. 이곳을 박살 내기 위
해 미카엘이 그들과 전쟁한 것이다.

사탄이 하늘전쟁에서 지고 쫓겨 내려온 곳이 이 땅이다. 그러므
로 둘째 하늘 흑암은 사탄의 나라 무저갱이었다.

둘째 하늘, 이층천 하늘은 우리가 눈으로 볼 수 있는 하늘이
아니다.

아무것도 보이지 않는 흑암의 하늘이다.

어디를 말씀하시는지 각자 생각해 보라.


### ③ 셋째 하늘에 대한 말씀(삼층천)

* 고후12:2-4: "내가 그리스도 안에 있는 한 사람을 아노니 그는 십사년
전에 셋째하늘에 이끌려 간지라(그가 몸 안에 있었는지 몸 밖에 있었는
지 나는 모르거니와 하나님은 아시느니라), 내가 이런 사람을 아노니(그가
몸안에 있었는지 몸 밖에 있었는지 나는 모르거니와 하나님은 아시느니라)
그가 낙원으로 이끌려 가서 말로 표현할 수 없는 말을 들었으나 사람이
가히 이르지 못할 말이로다"

하늘은 셋째 하늘까지 있는데 우리의 하늘은 첫째 하늘이고,

하나님이 계신 곳은 셋째 하늘이다. 그럼 둘째 하늘은 사탄이 있었던 무저갱이고, 빛이 없는 흑암의 하늘이다.

둘째 하늘이었던 흑암과 이 세상에 있던 첫째 하늘이 불에 타 없어지면 시원하게 뚫어진다. 그렇게 되면 삼층천까지 열리게 된다.

이는 하나님 나라가 확장되는 것이다. 셋째 하늘까지 고속도로처럼 연결되어 하나의 나라가 되는 것이다. 때문에 하나님과 함께 사는 것이 되는 것이다. 그렇다고 셋째 하늘에 있는 하나님 나라와 하나님 보좌가 새 땅으로 이전 하시는 것은 아니다.

* 행7:49: "주께서 이르시되 하늘은 나의 보좌요 땅은 나의 발등상이니 너희가 나를 위하여 무슨 집을 짓겠으며 나의 안식할 처소가 어디냐"

막혔던 담이 헐리듯 하나님 나라는 원래 하나님 계신 셋째 하늘에서부터 둘째 하늘과 첫째 하늘과 새 땅까지가 하나님 나라가 되는 것이다.

지금은 구렁텅이가 있어서 오고 갈 수 없지만, 새 예루살렘 시대가 되면 당연히 하나가 된 영원한 천국에 하나님 장막도 같이 있게 되는 것이다. 이는 하늘도 셋이 아니라 하나의 하늘을 사용하는 거대한 하나의 나라, 영원한 하나님 나라가 되는 것이다.

④ 새 하늘과 새 땅이 창조되면 이전 것은 기억되거나 생각나지 않는 기쁨의 나라가 된다

* 사65:17-19: "보라 내가 새 하늘과 새 땅을 창조하나니 이전 것은 기

억되거나 마음에 생각나지 아니할 것이라, 너희는 내가 창조하는 것으로 말미암아 영원히 기뻐하며 즐거워할지니라 보라 내가 예루살렘을 즐거운 성으로 창조하며 그 백성을 기쁨으로 삼고, 내가 예루살렘을 즐거워하며 나의 백성을 기뻐하리니 우는 소리와 부르짖는 소리가 그 가운데에서 다시는 들리지 아니할 것이며"

창조란 천지창조 때처럼 무에서 유를 만들어내는 것이 창조다.

옛것, 천지창조 때 창조된 세상 만물과 흑암이었던 사탄의 본거지를 불로 다 태워 없애고 그 자리에 새 하늘과 새 땅을 창조하신다.

드넓은 하늘과 땅을 창조하신 후 거룩한 성, 새 예루살렘이 살포시 내려와 영원한 천국을 완성한다.

말 그대로 영원한 하나님 나라가 새 하늘과 새 땅에 창조되는 것이다.

새 예루살렘은 즐거운 성으로 창조하셨다. 사망도, 아픔도, 슬픔도 없다.

이 말은 이 땅에서 살 때의 모든 것이 기억나거나 마음에 생각나지 않는다는 말이다. 만약 지옥으로 간 사랑하는 가족, 친척, 친구가 생각나고 이 세상에서 살 때의 고통스러운 일들이 기억난다면 새 예루살렘은 기쁨의 나라가 아니라 고통의 나라가 될 뿐이다.

세상 기억이 없기 때문에 즐거운 성이 될 수 있는 것이다.

## ⑤ 낙원과 음부는 서로 왕래할 수는 없었지만 보이긴 했었다

* 눅16:23-26: "그가 음부에서 고통 중에 눈을 들어 멀리 아브라함과 그의 품에 있는 나사로를 보고, 불러 이르되 아버지 아브라함이여 나를 긍휼히 여기사 나사로를 보내어 그 손가락 끝에 물을 찍어 내 혀를 서늘하게 하소서 이 불꽃 가운데서 괴로워하나이다, 아브라함이 이르되 얘 너는 살았을 때에 좋은 것을 받았고 나사로는 고난을 받았으니 이것을 기억하라 이제 그는 여기서 위로를 받고 너는 괴로움을 받느니라, 그뿐 아니라 너희와 우리 사이에 큰 구렁텅이가 있어 여기서 너희에게 건너가고자 하되 갈수 없고 거기서 우리에게 건너올 수도 없게 하였느니라"

낙원과 음부는 보이는데 오갈 수 없고 도울 수 없으니 그 고통은 더 심할 것이다. 그러니 낙원에 있는 영들이 기도를 안 할 수가 있겠는가?

그들의 고통을 보면서 세상에 살고 있는 사람을 위해 어찌 간절한 기도를 안 할 수가 있겠는가?

그러나 영원한 천국과 영원한 지옥, 두 나라는 영원히 존재하되 서로 보이지 않는다. 차단해 버리시고 기억나지 않게 하신다.

그래서 이 세상 기억이 나거나 지옥에 간 부모, 형제가 생각나지 않게 하신다. 이 세상 기억이 사라지기 때문에 우는 소리, 고통으로 부르짖는 소리가 다시는 들리지 않는다.

보이고 생각나서 괴롭다면 새 예루살렘은 즐거운 성이 될 수 없다.

하나님은 말씀하신다. 그 성은 즐거운 성이라고. 때문에 완전한 나라다. 다시는 슬픔이 없고 아픔도 없고 죽음도 없는 나라, 영원히 하나님 아버지 모시고 즐겁게 사는 나라가 새 하늘과 새 땅에 내려오는 새 예루살렘 성이다.

### 3) 거룩한 성 새 예루살렘 성이 하늘에서 내려온다

#### ① 하나님 나라의 건축재료로 지은 성이 내려온다

* 계21:10: "성령으로 나를 데리고 크고 높은 산으로 올라가 하나님께로부터 하늘에서 내려오는 거룩한 성 예루살렘을 보이니"

하나님의 장막이 있는 데서부터 하나님의 백성들이 사는 곳까지 전부 하나님 나라 천국이다.

믿는 자의 소망이 무엇일까? 이 세상에서 잘 먹고 잘 사는 것, 물론 세상 복도 중요하지만 하나님 계신 저 천국에서 영원히 살 것을 꿈꿀 것이다. 하나 더, 잘했다고 칭찬받고 왕 같은 제사장으로 사는 것을 꿈꿀 것이다.

넓은 의미에서 아버지 집에 거할 곳이 많은 것도 맞고, 예수님이 우리를 위하여 거처를 예비하러 가신 것도 맞다. 맞지만 이제껏 우리가 듣고 알고 있는 하늘나라, 우리가 생각하는 셋째 하늘로 올라가서 사는 것일까? 깊이 생각해 봐야 한다.

우리가 하나님 계신 삼층천 하늘나라에 가서 살면 새 하늘과 새 땅이 왜 필요한지에 대한 말씀을 알면 이 말씀이 풀린다.

새 예루살렘 성이 왜 새 땅에 내려오는지, 영원히 내가 살 새 예루살렘 성에 대해서 또 새 땅에 대해서도 알면 천국이 막연한 게 아니라 더 구체화된다.

성도가 살 곳이 어떻게 이루어지는지 성경에 기록해 놓으셨지만, 관심이 없어서 아니면 지식과 지혜가 없어서 알지 못한 부분이 많다. 이 부분을 전하려 한다.

말씀드렸듯이 한마디로 하나님 나라가 확장되는 것이다.

둘째 하늘 흑암이 사라지고 나면 이 땅과 셋째 하늘과는 하나로 맞닿게 된다. 셋째 하늘엔 하나님이 계시고, 새 땅에는 새 예루살렘 성이 내려온다. 무슨 말이냐 하면 천국이 어마어마하게 확장되는 것이다.

흑암이었던 둘째 하늘과 또 첫째 하늘과 이 땅까지 천국이 넓어지는 것이다.


❖ **새 하늘과 새 땅이 하나님 나라라는 것을 어떻게 알 수 있을까?**
하나님 나라의 건축 재료를 가지고 지은 성을 새 땅에 내려보내신다.

왜? 새 하늘과 새 땅은 하나님 나라이며, 천국이기 때문이다. 이해가 되시는지?


② **새 예루살렘 성은 길이 없다. 하늘에 떠 있는 성이다**
새 예루살렘 성은 길도 없이 만들어진 성이다.

영원히 하늘에 있을 성이고 믿는 자가 올라가 살 성이라면 마땅히 길이 있어야 한다. 하지만 그 성은 새 땅에 내려올 성이기 때문에 길이 필요 없다.

때가 되면 새 예루살렘 성이 하늘에서 새 땅에 살포시 내려앉을 것이다.

새 예루살렘 성만 내려오는 이유는 성이 내려앉을 새 땅은 이미 창조해 놓으셨기 때문이다.

때문에 영체들이 살 성만 지어서 하나님 나라인 새 땅에 내려보내시는 것이다.

그 성에는 행위록에 기록된 대로 부활한 영체들이 영원히 살 집들이 천국의 건축자재인 보석으로 지어져서 내려온다.

그 나라에는 육체로 들어간 자가 없다. 모두 영체로 들어간다.

새 예루살렘은 하나님 모시고 영원히 죽지 않고 사는 영체들의 나라다.

천년왕국에서 성화의 단계를 거쳐서 영화의 단계로 들어간 영체들이 살 영원한 나라다. 영화의 단계, 즉 영이 성숙한 자들만 들어가 사는 나라다.

살 집이 있고, 주신 직분으로 영원히 살 것이다. (이 세상에서 행한 대로)

다시 전한다. 천국은 셋째 하늘에서부터 둘째와 첫째 하늘과 땅끝까지가 전부 천국이 된다.

그럼 새 하늘은 어디일까? 새 하늘은 셋째 하늘이며, 새 땅은 이 세상을 새롭게 창조하신 정금으로 만든 땅이다.

당연히 새 하늘과 새롭게 창조하신 새 땅이 하나이고, 하나의 천국이니 하나님 나라는 상상을 초월하게 커지는 것이다.

* 요14:2: "내 아버지 집에 거할 곳이 많도다 그렇지 않으면 너희에게 일 렀으리라 내가 너희를 위하여 거처를 예비하러 가노니"

아버지 집엔 거할 곳이 많다 하시면서 너희를 위하여 거처를 예비하러 간다 하셨다. 이렇게 큰 아버지 나라에 우리가 가서 살 거처가 없겠는가?

예수를 믿는다는 것을 결론적으로 말하면 구원받아 새 예루살렘에서 백성으로, 자녀로, 왕으로 살기 위해서다.

더 욕심을 부린다면 새 예루살렘 성안, 도성에 들어가서 하나님의 장막에서 함께 사는 것을 바라보고 믿음이다.

그러기 위해 충성과 순교의 정신으로 예수 믿는 것이다.

우리 모두 충성합시다.

# B. 영원한 천국

우리가 가서 살 영원한 천국이라 말하는 나라는 새 하늘과 새 땅에 세워지는 나라다. 하나님은 이 새 땅에 새 예루살렘 성을 내려 보내 주셔서 영체들이 영원히 살 수 있게 하신다.

이제 영원한 천국 새 하늘과 새 땅 시대가 오는 것이다.

거룩한 성 새 예루살렘 성이 하나님께로부터 하늘에서 내려온다.

하나님의 장막이 영체들과 함께 있고, 하나님이 영체들과 함께 계신다.

## 1) 새 예루살렘 성의 외 성곽 모습
### ① 사도 요한은 성 전체를 높은 산에서 바라봤다

사물을 볼 때 어디서 보느냐에 따라 일부분만 볼 수도 있고, 전체를 볼 수도 있다. 사도 요한은 성령에 이끌려서 크고 높은 산으로 올라갔다. 때문에 새 예루살렘 성이 하늘에서 내려오는 모습 전체를 볼 수 있었다.

### ❖ 하늘에서 내려오는 새 예루살렘 성의 모습

* 계21:9-12: "일곱 대접을 가지고 마지막 일곱 재앙을 담은 일곱 천사중 하나가 나아와서 내게 말하여 이르되 이리오라 내가 신부 곧 어린 양의

아내를 네게 보이리라 하고, 성령으로 나를 데리고 크고 높은 산으로 올라가 하나님께로부터 하늘에서 내려오는 거룩한 성 예루살렘을 보이니, 하나님의 영광이 있어 그 성의 빛이 지극히 귀한 보석 같고 벽옥과 수정 같이 맑더라, 크고 높은 성곽이 있고 열두 문이 있는데 열두 천사가 있고 그 문들 위에 이름을 썼으니 이스라엘 자손 열두지파의 이름들이라"

성이 얼마나 아름다운지 상상이 가시는지…?

여자가 가장 아름다울 때는 신부단장을 하고 신랑을 맞이할 때이다.

새 예루살렘 성이 얼마나 아름다우면 신부가 가장 예쁘게 단장한 것처럼 최고로 아름답고 거룩한 모습으로 내려올 것을 말씀한다.

성 전체는 휘황찬란한 보석으로 꾸며졌다는 것을 알 수 있다. 가장 아름다운 모습으로 새 예루살렘 성이 내려온다.

여기서 성곽을 좀 더 이해하기 쉽게 사전적 의미를 찾아봤다.

성의 성곽이란 거주하기 위한 일정한 공동 공간을 확보하고 구조물이 연결성을 갖는 건조물이라 말한다.

도성, 읍성, 창성, 진성, 보로 나눈다.

도성은 왕이 사는 수도이고, 읍성은 백성들이 사는 도시, 창성은 창고를 말하는데 이는 먹거리를 생산해내는 농지와 농작물을 쌓아 두는 창고로 보면 될 것이다. 진성은 군사지역, 보는 변방, 즉 변두리를 말한다.

예를 들어보면, 청와대가 있고 대통령이 있는 곳이 나라의 도성이라 말하는 수도다. 수도에는 대통령만이 아니라 나랏일을 하는 관료들과 또 많은 사람이 살고 있다.

지방에는 행정상 시, 도, 읍으로 나뉘고 백성들이 산다. 또 변두리라 할 수 있는 외진 곳도 있다. 그런가 하면 진성이라 부르는 군사지역도 있다.

한 나라에서 수도와 지방으로 나뉘고, 또 지방과 지방이 나뉘는 눈에 보이지 않는 거미줄과 같이 연결된 땅의 경계가 있다.

이처럼 새 예루살렘 성, 영원한 나라에서는 눈에 보이지 않게 나뉘는 경계가 아니라 열두 보석으로 정확하게 나뉘는 성곽이 있음을 알 수 있다.


② 맨 먼저 하늘에서 내려오는 크고 높은 성곽이 보였다

성곽은 성 전체를 두르고 있는 울타리, 성의 경계에 치는 성벽을 말한다.

새 예루살렘 성곽이란 동서남북 전체를 두른 성의 벽이다.

그러므로 하늘에서 내려오는 새 예루살렘 성은 아무것도 손볼 것이 없도록 성벽까지도 보석으로 완벽하게 만들어서 내려보내시는 성이다.


③ 새 예루살렘 성벽은 보석 중에 벽옥으로 성 전체를 둘렀다.

새로 창조하신 새 땅에 네모반듯한 새 예루살렘 성이 하늘에서

내려온다.

성곽, 즉 성벽은 귀한 보석 벽옥으로 되어 있고 수정같이 맑았다.

벽옥색을 사전을 통해 알아봤다.

적색, 적갈색, 또는 이 두 가지 색이 혼합된 적혈색, 황색, 다양한 색을 띠고 있다고 전한다.

세상 벽옥은 탁하고 불투명하고 줄무늬나 얼룩점이 섞여 있지만, 새 예루살렘 성벽은 수정같이 맑고 투명한 벽옥으로 되어 있다 말씀한다.

여러 색 중에 왜 벽옥, 즉 적색, 적혈색 보석일까? 눈치채셨는가?

적색이나 적혈색은 예수그리스도의 보혈색이다. 금방 흘린 피는 적색을 띠지만, 시간이 좀 흐른 뒤의 피는 검붉은 색, 적혈색을 띤다.

이 말은 새 예루살렘 성벽은 보혈, 피의 색으로 이루어졌는데 이는 예수 그리스도를 상징한다. 예수를 믿는 자, 보혈을 마신 자만이 새 예루살렘 성에 들어갈 수 있다는 의미다.

그러므로 새 예루살렘 성은 보혈로 지은 성이다.


④ 외 성곽에는 열두지파의 이름을 썼다

성벽에는 외 성벽이 있고 내 성벽이 있다.

외 성벽은 성안과 밖의 경계를 짓는 울타리 담이다.

외 성벽에는 동서남북 3개씩 12문이 있고, 문에는 열두 천사 있고, 각 문 위에 이스라엘 열두지파의 이름이 있다.

이 말은 새 예루살렘 성 외 성벽 12개 문의 이름은 영원히 열두지파 이름으로 불릴 것을 뜻한다.

이 문은 새 예루살렘 성 밖으로 나가고 들어오는 출입문이다.

## 2) 새 예루살렘 성의 내 성곽 모습

### ① 내 성곽에는 열두 사도의 이름을 썼다

* 계21:13-20: "동쪽에 세문 북쪽에 세문 남쪽에 세문 서쪽에 세문이니, 그 성의 성곽에는 열두 기초석이 있고 그 위에는 어린 양의 열두 사도의 열두 이름이 있더라, 내게 말하는 자가 그 성과 그 문들과 성곽을 측량하려고 금 갈대 자를 가졌더라, 그 성은 네모가 반듯하고 길이와 너비가 같은지라 그 갈대 자로 그 성을 측량하니 만 이천 스다디온이요 길이와 너비와 높이가 같더라, 그 성곽을 측량하매 백사십사 규빗이니 사람의 측량 곧 천사의 측량이라. 성곽은 벽옥으로 쌓였고 그 성은 정금인데 맑은 유리 같더라, 그 성의 성곽의 기초석은 각색 보석으로 꾸몄는데 첫째 기초석은 벽옥이요 둘째는 남보석이요 셋째는 옥수요 넷째는 녹보석이요, 다섯째는 홍마노요 여섯째는 홍보석이요 일곱째는 황옥이요 여덟째는 녹옥이요 아홉째는 담황이요 열째는 비취옥이요 열한째는 청옥이요 열두째는 자수정이라"

12절의 성곽에는 열두지파의 이름을, 14절의 성곽에는 열두 사도의 이름을 문들 위에 썼다고 말씀한다. 언뜻 보면 성곽 문에 지파의 이름과 사도의 이름이 같이 써 있는 것처럼 생각할 수도 있을 것이다. 그래서 외 성벽과 내 성벽이라는 설명을 붙인 것이다.

같은 문에 쓰이는 것이 아니라 이는 다른 문이다. 12절의 성벽은 외 성벽에, 14절의 성벽은 내 성벽에 쓰이는 것이다.

그러므로 내 성벽은 외 성벽 안에 성벽을 하나 더 쌓아서 성안에 영체들이 편안하게 살게 하는 성벽이다.

❖ **기초석이란 건축할 때 건축물 구조의 토대가 되도록 놓는 돌이다**

말 그대로 기초가 되는 돌, 주춧돌 혹은 초석이라 말한다. 새 예루살렘 성을 새 땅에 단단하게 세울 수 있도록 기초석 지지대를 놓는 것이다.

영원히 살 나라의 토대를 놓는 것이니 정금 위에 얼마나 튼튼하게 세워질까? 이 성곽은 길이 넓이 높이가 같게 만들었다. 천사의 측량이니 정확하다.

예를 들면, 사람이 살 수 있는 곳은 땅이다. 우리나라는 팔도다. 이 팔도의 땅 경계에 성벽을 세우고 문을 만들어 출입이 가능하도록 만든 것과 같다고 보시면 내 성벽을 이해하기 쉬울 것이다.

각 성은 네모반듯하고 같은 크기의 12개의 성벽을 이루고, 문은 열두 사도 이름이 쓰인다.

영원히 새 예루살렘 열두 문의 이름은 이 사도들의 이름으로 불릴 것이다. 새 예루살렘 성은 서로 다른 12가지 보석으로 꾸며졌다.

## 3) 문은 진주 문이고, 길은 정금으로 돼 있다

* 계21:21: "그 열두 문은 열두 진주니 각 문마다 한 개의 진주로 되어 있고 성의 길은 맑은 유리 같은 정금이더라"

영원한 나라에는 땅도 흙이 아니라 정금이다.

정금 위에 12보석으로 된 기초위에 세워진 성벽에는 출입할 수 있는 문이 있는데 12개의 문은 각각 하나의 진주로 돼 있고, 이 문들 위에는 문패처럼 문 이름이 붙어 있다. 문 이름은 열두 사도의 이름들로 되어 있다. 행정상 영원히 열두 사도의 이름으로 불리는 성이고, 성문이란 뜻이다.

얼마나 영광인가?

성과 성을 자유롭게 오고 갈 수 있는 문은 진주 문이다. 이해가 되시는지. 다시 정리해 보면 예루살렘 울타리 외 성벽은 벽옥, 적혈색으로 되어 있고 동서남북 12문은 12지파의 이름으로 되어 있으며 땅바닥은 정금으로 되어 있다. 새 예루살렘 성안에는 열두 사도의 성들이 있다. 열두 사도의 이름으로 나뉜 성마다 특색 있게 12가지 보석으로 기초를 놓고 내 성벽을 세운다. 내 성벽 위에는 한 개의 아름다운 진주로 문을 만들어 언제나 자유롭게 성과 성을 오갈 수 있다.

열두 사도의 이름으로 된 성안에 영체들이 아름다운 보석으로 꾸며진 집에서 사는 것이다. 성 전체가 정금인데, 당연히 길도 정금길이다.

## 4) 하나님의 빛이 성 구석구석까지 비추신다

### ① 새 예루살렘 성은 빛의 나라다

* 계21:22-27: "성 안에서 내가 성전을 보지 못하였으니 이는 주 하나님 곧 전능하신 이와 및 어린 양이 그 등불이 되심이라. 그 성은 해나 달의 비침이 쓸데없으니 이는 하나님의 영광이 비치고 어린 양이 그 등불이 되심이라. 만국이 그 빛 가운데로 다니고 땅의 왕들이 자기 영광을 가지고 그리로 들어가리라. 낮에 성문들을 도무지 닫지 아니하리니 거기에는 밤이 없음이라. 사람들이 만국의 영광과 존귀를 가지고 그리로 들어가겠고, 무엇이든지 속된 것이나 가증한 일 또는 거짓말하는 자는 결코 그리로 들어가지 못하되 오직 어린양의 생명책에 기록된 자들만 들어가리라"

빛의 나라이기 때문에 해나 달도 필요 없다.

보혈색으로 된 외 성벽에서 뿜어내는 빛과 보석으로 된 기초석의 내 성벽에서 뿜어내는 12가지 빛과 각자의 집에서도 각가지 빛을 뿜어내고, 영체들의 몸과 옷에서 반사되는 그 빛 반사는 상상을 초월할 것이다.

특히 정금 길은 사방에서 모든 빛을 받아 마치 유리바다 같이 투영됨을 말씀하신다.

바닷가에서 해가 뜨고 지는 장면이 분초마다 바뀌고 도심 속 강에 비친 건물과 불빛이 투영되어 또 하나의 아름다운 도시로 보일 때 감탄사를 자아내는 것을 생각해 보면 이해가 될 것이다.

이 많은 광채가 각자 자신의 색을 뿜어낼 때를 상상해 보라. 이 모든 빛들은 특히 하나님의 빛을 받을 것이다.

하나님의 빛을 받은 빛들은 다시 하나님의 보좌를 비출 것이니 하나님 나라는 아름다운 빛의 나라가 될 것이다.

성안의 빛들이 어느 방향에서 비추느냐에 따라 각가지 색으로, 즉 무지개 색으로 나타날 것이다.

당연한 말이지만, 도둑도 없고 밤도 없는 곳이다.

## 5) 열두 사도들처럼 새 예루살렘의 기둥이 되자

### ① 충성도의 차이는 상상을 초월한다

예수님의 열두 사도는 천국복음의 기초를 놓은 기초석들이다.

이들 모두는 복음을 위해 목숨을 바친 자들이다.

이런 자들과 부끄러운 구원을 받은 자들을 어찌 같이 취급하시겠는가? 여러분들 같으면 충성도가 이렇게 다른데 똑같다 하겠는가?

외 성곽과 내 성곽 문에는 열두지파의 이름과 열두 사도의 이름이 영원히 빛날 것이다.

이처럼 주를 위해 충성하는 것은 결국 자신을 위한 일이다. 이 세상에서는 힘들고 고되고 죽기까지 자신을 포기해야 하지만, 천국에서는 기둥과 같은 자가 될 것이다. 주를 위해 충성한 자는 천국의 보배가 될 것이다.

열두 사도처럼 이기는 자가 됩시다.

## ② 그의 이름을 기둥에 기록하리라

하나님의 성에는 이미 정해진 성곽만 있는 것이 아니다. 성을 지탱하는 기둥들이 많다.

기둥은 옮길 수 없다. 기둥을 옮기면 건물이 무너진다. 이긴 자는 하나님의 성안에 옮겨지지 않는 기둥으로 영원히 살 것이다.

운동선수나 유명한 사람의 고향에는 그 사람 이름을 따서 길 이름이나 마을 이름으로 부르는 경우를 본다. 대대로 영광이다.

이처럼 교회의 기둥은 가장 요긴한 재목이 되는 사람을 말한다.

성도님들도 교회의 기둥이 되길 바란다.

왜냐하면, 교회 기둥은 곧 새 예루살렘 성의 기둥이 될 수 있는 가능성이 있기 때문이다. 이는 영원토록 변함없는 영광이다.

당신도 영원한 나라의 기둥이 될 수 있다.

또 문이 열두 사도의 이름으로 불리는 문밖에 없겠는가?

자신의 이름으로 된 문이나 기둥이 되면 영원토록 영광 중 영광일 것이다. 도전합시다.


## ③ 구원받은 영체들이 살 곳은 새 예루살렘 성이다

새 예루살렘 중에서도 하나님의 성안 도성에 살며 예수님의 좌우편에 앉는 자들이 있다.

이들은 예수님의 얼굴을 매일 보고, 예수님과 함께 앉고 왕 같은 제사장으로 살 자들이다.

우리도 될 수 있다. 이제부터 주를 위해 말씀에 순종하고 충성
하자.

## 6) 새 예루살렘 성에는 성전이 없다
### ① 하나님 곧 전능하신 이와 어린 양이 성전이 되신다
* 계21:22: "성 안에서 내가 성전을 보지 못하였으니 이는 주 하나님 곧
전능하신 이와 및 어린양이 그 성전이심이라"

성전은 하나님을 만나는 장소다. 그러나 새 예루살렘은 완전하
고 영원한 나라다. 물이 바다를 덮음같이 여호와를 아는 지식이
충만하다.

그 나라 사는 것 자체가 예배고 매시간이 찬양 시간이다. 그만
큼 영이 성장했고 하나님이 늘 함께 계신다.

그러므로 새 예루살렘에서는 하나님과 그리스도가 자녀들과 늘 함
께 계시고 직접 교제하시는데 무슨 성전이 필요하겠는가? 필요 없다.

그러나 천년왕국에서는 성전이 필요하다. 그래서 양육할 제사
장이 있는 것이다.

천년왕국에서 곡과 마곡 같은 미성숙한 자들을 성숙시키고, 영
체를 입은 자들의 영적 수준도 각각이어서 그들도 성숙시킨다.

천년왕국을 거치면서 모두는 하나님의 자녀답게 또는 하나님의
백성답게 영적 수준이 올라왔다.

완전한 자들만 새 하늘과 새 땅에 들어가기 때문에 이곳에는

성전이 필요 없다. 다만, 하나님과 예수님을 뵈면서 예배시간이 없어도 언제나 영광의 찬양을 올리며 자녀답게 늘 기쁘게 살아가는 곳이 영원한 하나님 나라이다.

# C. 영체의 영적 수준은 어디까지 올라가야 할까?

## 1. 범사에 그에게까지 자랄지라

* 벧전1:15-16: "오직 너희를 부르신 거룩한 이처럼 너희도 모든 행실에 거룩한 자가 되라, 기록되었으되 내가 거룩하니 너희도 거룩할지어다 하셨느니라"

* 엡4:13: "우리가 다 하나님의 아들을 믿는 것과 아는 일에 하나가 되어 온전한 사람을 이루어 그리스도의 장성한 분량이 충만한 데까지 이르리니, 15: 오직 사랑 안에서 참된 것을 하여 범사에 그에게까지 자랄지라 그는 머리니 곧 그리스도라"

① 하나님은 우리가 그리스도처럼 거룩하고 온전하게 장성하기를 원하신다.

"그에게까지 자랄지라"

새 하늘과 새 땅 시대에는 그리스도를 닮은 것처럼 영이 성숙해 진다.

왜냐하면, 신적 수준까지 도달하지 못하면 하나님의 자녀가 될 수 없기 때문이다.

예수님은 우리에게 살과 피를 나눠 주셨다.

이 말은 예수님과 우리는 살과 피를 나눈 사이라는 말이다.

살과 피를 나눈 자는 부모 형제이다. 당연히 닮게 돼 있다.

걱정할 것이 없는 것이 천년왕국에서 양육 받은 영체들의 영적 수준은 하나님 아버지를 쏙 빼닮은 자가 되어서 나올 곳이다.

이 세상에서도 아버지와 아들이 판박이처럼 닮은 부자를 본다.

또 처음엔 아니었어도 나이가 들수록 부모의 뒷모습까지도 닮아가는 것처럼 영이 성숙할수록 하나님을 쏙 빼닮을 것이다.

이처럼 우리가 하나님을 닮아서 하나님과 같은 생각, 같은 영으로 살 때 영이 하나님과 하나가 되고, 몸이 같은 영체로 하나가 되는 것이다.

이것이 한 영이 된 것이고, 한 영은 곧 한 몸으로 영적 신부라 말씀하신다.

새 예루살렘에서는 누가 가르치지 않아도 모두가 한 영이기 때문에 하나가 되는 것이다.

천사는 돕는 영이니 아버지의 뜻을 몰라도 순종만 잘하면 되지만, 자녀는 아버지의 뜻을 정확히 알아야 하고 아버지의 뜻을 받들어야 한다.

이것이 진정한 아버지와 자녀 관계다.

상속은 아버지가 자녀에게 재산을 물려주는 것이다.

종에게는 상속하지 않는다.

상속을 받은 만큼 영이 자란 자가 자녀이고, 천국에서 큰 자이다.

## ② 부활 위에 더 좋은 부활이 있음을 알아야 한다

* 히11:35-40: "여자들은 자기의 죽은 자들을 부활로 받아들이기도 하며 또 어떤 이들은 더 좋은 부활을 얻고자 하여 심한 고문을 받되 구차히 풀려나기를 원하지 아니하였으며, 또 어떤 이들은 조롱과 채찍질뿐 아니라 결박과 옥에 갇히는 시련도 받았으며, 돌로 치는 것과 톱으로 켜는 것과 시험과 칼로 죽임을 당하고 양과 염소의 가죽을 입고 유리하여 궁핍과 환난과 학대를 받았으니, 이런 사람은 세상이 감당하지 못하느니라 그들이 광야와 산과 동굴과 토굴에 유리하였느니라, 이 사람들은 다 믿음으로 말미암아 증거를 받았으나 약속된 것을 받지 못하였으니, 이는 하나님이 우리를 위하여 더 좋은 것을 예비하셨은즉 우리가 아니면 그들로 온전함을 이루지 못하게 하려 하심이라"

그 당시에도 부활 위에 더 좋은 부활이 있다는 것을 알고 죽음도 두려워하지 않는 자들이 있었다는 것은 놀라운 일이다.

오히려 심한 고문을 당하고 죽을지언정 그 고통에서 풀려나기를 원치 않을 정도로 더 좋은 부활을 갈망하는 믿음의 성도들이 있었다.

이들은 땅에서의 축복을 받지 못하고, 나그네처럼 방황하고 산과 동굴에서 궁핍한 생활을 하고 버러지 같은 삶을 살면서도 오직 하나 더 좋은 부활을 사모하고 믿었다.

이 부활을 믿는 자는 현실에서 힘들고 고된 삶을 산다 해도 다 수용했고, 예수 때문에 받는 인간 이하의 생활도 마다치 않았다.

그러면 그럴수록 그들의 믿음은 더욱 주를 바라보고 영원한 천국을 소망했다. 세상 복이 아닌 천국의 복을 사모했기 때문이다.

### ③ 말세를 살아가는 그리스도인들이 꼭 알아야 할 말씀이다

마지막 때도 믿음 때문에 심한 고문을 당하고 결박당하고 옥에 갇혀도 믿음을 포기하지 않는 자들이 있을 것이다.

순교는 말이 좋아 순교지, 예수 때문에 믿음을 포기하지 않아서 잔인하고 가장 처절하게 죽임을 당하는 것이 순교다.

곱게 죽는 순교는 없다고 봐야 한다.

가끔 선교지에 나가서 또는 주의 일을 하다가 사고사를 당하는 경우가 있지만, 마지막 때의 순교는 사고사처럼 곱게 죽는 순교가 아니다.

돌로, 칼로, 톱으로, 기름 가마에, 불로 태워 죽이고, 총에, 각종 잔인하고 기상천외한 방법들이 동원될 것이다.

주의 일을 하고 믿음을 지키다가 이런 순교를 당하는 자의 구원과 주를 위해 아무것도 한 것이 없이 믿으면 구원인 이 구원과는 하늘과 땅 차이로 다르다는 것을 꼭 기억해야 할 것이다.

입으로 시인하여 받은 구원과 주를 위해 참혹하게 목숨을 바치거나 죽을 때까지 충성한 자의 구원이 어찌 같을 수 있겠는가?

그런데도 같은 구원으로 취급하고 천국만 가면 된다 생각할 뿐 아니라 천국만 가면 다 똑같이 살고 부와 명예를 나눠 갖는 자녀로 산다고 생각하면 오산이다. 이것은 도둑 심보다.

내 백성이 지식이 없어 망한다는 말씀처럼, 더 좋은 부활을 아는 지식이 없어서 적당히 믿으려 하고, 애쓰고 힘쓰지 않으려 하고 더 높은 곳을 향해 믿음의 발걸음을 옮기지 못하고 안주하는 그리스도인들이 많다.

천국은 이 세상보다 더한 부와 명예가 있는 나라다. 그 나라에 가서 확인해 보고 나서 열심히 일해서 부과 명예를 쌓겠다? 그 나라는 하나라도 더하고 뺄 수 있는 나라가 아니다. 그러기에 완성되고 완전하고 영원한 나라다.

이 세상에서 말씀대로 행한 것만이 행위록에 기록되고, 기록된 행위만이 영원히 내 것이 되고 내 부와 명예로 남는 나라다.

부끄러운 구원에서 머물지 말고, 더 좋은 부활의 믿음으로 나아가기 위해 죽도록 헌신하시길 바란다.

그래서 천국의 귀한 것을 영원히 자기 것으로 많이 만들길 축복한다.

이런 생각을 할 수도 있을 것이다.

천년왕국에서는 모두가 영적인 수준이 상당해지고 새 예루살렘에 들어갈 때는 영이 성숙 단계로 들어간다.

어차피 천년왕국에 들어가면 그다음은 믿음이 자랄 텐데 이 세상에서 대충 예수 믿다가 천년왕국에서 후일을 도모할 수 있지 않을까?

그때는 자동적으로 알아질 것이고 천년왕국에서 열심히 일하면 행위록에 남아 왕 같은 제사장으로 살 수 있지 않겠느냐고 말할 수도 있을 것이다. 굳이 이 세상에서 주의 말씀대로 살고 말씀대로 충성하려고 고생하고 수고하지 않아도 되지 않을까?

뭘 그리 주의 일한다고 이리 뛰고 저리 뛸까, 다음 기회가 있는데…. 이렇게 생각할 수도 있을 것이다.

❖ **행함으로 따라오는 부와 명예는 이 세상에서가 마지막 일할 수 있는 시간이며, 기회다.**

왕 같은 제사장으로 사는 것은 부활 위에 더 좋은 부활을 바라고 애쓰고 수고한 자들에게 돌아가는 상급이다.

이 행함은 이 세상에서만 쌓을 수 있다. 천년왕국에서는 이미 받아서 왕으로 제사장으로 누리며 산다는 것을 기억하라.

천년왕국에서는 영의 성장은 있지만 행함으로 받는 상급은 이 세상에서 종료된다. 충성한 것은 누구도 빼앗아갈 수 없는 영원히 내 것이며, 이 세상에서만 가능하다는 것을 꼭 기억하고 지금부터라도 말씀대로 충성하길 바란다.

④ **구원에도 단계가 있다**

더 좋은 부활을 믿고 바라는 신앙은 이 세상에서 먹고 마시는 복, 범사가 잘되는 하나님의 약속된 복을 스스로 반납한 신앙이라 말씀한다.

영의 눈이 뜨인 자는 세상 복을 포기하고라도 새 예루살렘, 도성의 삶을 바라보았다.

지금도 계시록을 잘 모르는데, 본문이 기록될 당시에 더 좋은 부활이 있다는 것을 알고 행할 만큼 그들의 믿음은 상당한 수준에 올라 있었다.

구원도 단계가 있다는 것을 아는 그리스도인은 더 높은 단계로 올라가기 위해 그때나 지금이나 애쓰고 힘쓴다.

이런 자들이 하나님의 도성, 사랑하시는 성과 성도들의 진에 들어갈 거룩한 자들이다.

그중에 저와 이 책을 읽는 분들은 하나님의 도성인 사랑하시는 성에 들어가려고 애쓰고 힘쓰길 축복한다.

# D. 새 예루살렘 성의 특징

## 1) 에덴동산에 있었던 생명수와 생명나무

### ① 생명수와 생명나무는 에덴동산에 있었다

* 창2:7-10: "여호와 하나님이 땅의 흙으로 사람을 지으시고 생기를 그 코에 불어넣으시니 사람이 생령이 되니라, 여호와 하나님이 동방의 에덴에 동산을 창설하시고 그 지으신 사람을 거기 두시니라, 여호와 하나님이 그 땅에서 보기에 아름답고 먹기에 좋은 나무가 나게 하시니 동산 가운데에는 생명나무와 선악을 알게 하는 나무도 있더라, 강이 에덴에서 흘러 나와 동산을 적시고 거기서부터 갈라져 네 근원이 되었으니"

에덴동산에는 생명이 있기에 하나님이 늘 찾아오셨다.

사람을 흙으로 만드시고 생기를 코에 불어넣으시자 사람은 생령, 즉 영의 사람이 되었다. 생령은 살아 있는 영이다. 육체만 산 것이 아니라 처음 사람 아담은 영도 살아 있었다.

하나님은 산 자의 하나님이시다. 아담의 영이 살아 있을 때, 즉 죄를 짓기 전에는 하나님은 생령의 사람을 친히 찾아와 만나 주셨다.

하나님이 흙으로 만드신 사람을 분신처럼 사랑하신 증거다.

아담은 하나님께 영광을 돌렸고, 하나님을 기쁘시게 했다.

## ② 생명수 강과 생명나무가 있는 곳이 곧 낙원이다

에덴동산에는 영원한 나라의 상징인 생명나무가 있었다. 영원한 천국의 것을 에덴동산에 두셨다는 것은 에덴동산은 곧 낙원이었다는 증거다.

하지만 완전한 낙원, 영원한 낙원은 되지 못했다. 왜냐하면, 선악을 알게 하는 나무도 있었기 때문이다.

하나님은 하나님의 말씀을 지켜 생명나무의 열매를 따 먹고 영생하기를 바라셨지만, 사람은 선악을 알게 하는 나무 열매를 먹고 말았다.

생명나무는 필요 없게 되었다.

왜냐하면, 만약 죄지은 상태에서 영원히 사는 생명나무 열매까지 먹는다면 이는 지옥보다 더 고통스러운 삶이 될 것이다.

죄 속에서 죽지 않고 영원히 사는 삶을 생각해 보았는가?

무엇을 말하려는가 하면 생명나무와 선악을 알게 하는 나무도 있었던 에덴동산은 영원히 사는 것과 죽는 것을 선택하는 곳이었다.

에덴동산에서부터 사람은 하나님의 말씀은 선택할 것인지, 세상과 사탄을 선택할 것인지 스스로 결정하게 되었다.

아담은 선악과를 선택했다.

이 선택은 전적으로 사람의 몫이었던 것이다.

이처럼 사람이 죄를 지으므로 에덴동산에서 쫓겨나게 되면서 사람은 생명나무 열매를 먹을 수 없게 되었고, 죽게 되었다는 뜻이다.

당연히 낙원과 세상은 분리되었다.

그러므로 첫째 낙원 에덴동산은 하나님의 말씀을 믿고 행하는 사람을 찾아내는 곳이었다면 두 번째 낙원은 하나님의 말씀만 믿고 행한 사람만 영원히 살게 하는 곳이 된 것이다.

### ③ 에덴동산에 생명나무가 어떻게 살 수 있었을까?

생각해 본 적 있는가? 물이 있어야 나무는 살 수 있다. 그럼 어떤 물이어야 생명나무가 살 수 있을까를 질문해 보면 답은 나온다.

에덴동산에 생명수가 있었기 때문에 생명나무가 살 수 있었다.

이 생명의 물을 공급받은 생명나무 열매는 생명수로 키운 열매이니 아담이 먹었다면 영원히 살 수 있는 열매였던 것이다.

그럼 선악을 알게 하는 나무는 어떻게 설명될까? 이 세상 물로 키운 나무다. 마셔도 목마름이 계속되는 물, 사람이나 동물, 나무도 제때 마시지 못하면 목말라 죽는 물, 세상 물을 공급받아 키운 나무이고 열매다.

때문에 세상 물을 마신 이 세상 모든 생물은 때가 되면 죽지만, 생명수를 마신 자는 영원히 사는 것이다.

그러므로 생명나무를 키우는 물이 있던 에덴동산은 낙원이었다.

하나님의 계획하심과 은혜가 크다.

## 2) 영원한 나라에 있는 생명수 강과 생명나무

### ① 생명수와 생명나무 두 그루는 하나님 나라에 있다

* 계22:1-2: "또 그가 수정같이 맑은 생명수의 강을 내게 보이니 하나님과 및 어린양의 보좌로부터 나와서, 길 가운데로 흐르더라 강 좌우에 생명나무가 있어 열두 가지 열매를 맺되 달마다 그 열매를 맺되 그 나무 잎사귀들은 만국을 치료하기 위하여 있더라"

천국은 하나님 보좌가 있는 곳이 천국이고, 천국의 상징은 생명수 강과 생명나무다.

물 없이 살 수 있는 나무는 없다. 생명나무는 생명수가 있어야 살 수 있는 나무다. 그럼 생명수의 근원지는 어디일까?

생명수의 근원지는 하나님과 어린양의 보좌다. 이 보좌에서부터 생명수가 흐르기 시작해서 강을 이룬다.

강 좌우에 생명나무가 있어 12가지 열매를 달마다 맺는다. 강을 중심으로 왼쪽과 오른쪽에 생명나무가 있다는 뜻이다.

이 말씀대로 생명나무는 하나가 아니라 둘이다.

생명나무 하나는 잘 아시다시피 에덴동산에 있었다.

아담이 에덴동산에서 쫓겨난 후 아무도 생명나무를 보지 못했다.

에덴동산에 있던 생명나무는 그대로 두면 말라 죽을 수밖에 없다. 왜 생명수가 끊겼기 때문이다.

생명수가 있는 아버지 나라로 옮기셨기에 그 나무는 살아서 열매를 맺고 있다. 그러므로 생명나무 하나는 에덴동산에 있던 것이고 또 하나는 하나님 나라에 있던 것이다.

이 생명나무가 에덴동산에 있었던 것처럼 새 예루살렘 성이 내려올 때 생명수강과 생명나무는 같이 내려올 것이다.

생명수강과 생명나무가 있는 새 예루살렘에 사는 영체들이 영원히 먹고 마시게 될 것이다.

그럼 12가지 열매는 무슨 열매일까? 생명나무에서 열리는 열매이니 당연히 생명과다.

이 생명나무의 열매를 먹으면 영원히 사는 것이 특징이다. 왜냐하면, 생명수로 키워낸 열매이니 영원히 사는 것이다.

그러므로 새 하늘과 새 땅에서는 하나님의 보좌와 어린 양의 보좌로부터 생명수가 흘러 강을 이루고 생명나무를 키워낸다.

이 말은 하나님 나라와 새 하늘과 새 땅은 같은 나라이며 새 예루살렘은 영원한 천국이라는 뜻이다.

## 3) 천년왕국은 생명수 강도 생명나무도 없다

### ① 천년왕국은 천 년 동안 존재하는 예수님 왕국이다

천년왕국에는 생명수 강이 없고 생명나무도 없고 선악을 알게 하는 나무도 없다. 때문에 천년왕국에서는 죄는 없지만 죽는 자도 있다.

그러므로 천년왕국에서 미혹당하면 죽을 수밖에 없는 것이다.

예수님이 왕으로 계시지만 죄를 지었을 때 긍휼이나 은혜로 용서하심은 없는 나라다. 용서는 이 세상으로 끝난다.

# E. 새 예루살렘 성의 이름은 바로 낙원이다

## 1) 낙원

* 계2:7: "귀 있는 자는 성령이 교회들에게 하시는 말씀을 들을지어다 이기는 그에게는 내가 하나님의 낙원에 있는 생명나무의 열매를 주어 먹게 하리라"

낙원 하면 에덴동산이 생각나고 부활하기 전 죽은 영들의 안식 처로만 생각한다. 그러나 "하나님의 낙원에 있는 생명나무"란 말 씀에서 생명나무가 있는 곳이 아버지 나라이고, 낙원이란 뜻이다. 또 이 말은 생명이 있는 나라가 하나님 나라라는 뜻이다.

따라서 새 하늘과 새 땅에 내려오는 새 예루살렘 성의 영원한 이름은 '낙원'이라 알려 주셨다.

그 낙원이란 답은 에덴동산에도 있었고, 아버지 나라에도 있고, 새 예루살렘 성에도 있는 생명수 강과 생명나무에 있다.

영원한 천국 새 예루살렘 성이 내려올 때 생명수 강과 생명나 무가 같이 내려오는 것도 새 하늘과 새 땅이 바로 영원한 천국, 낙원이기 때문이다.

이 아름다운 낙원에서 하나님 아버지와 영원히 함께 사는 것이다.

## 2) 원래 에덴동산의 고향은 낙원이었다

낙원의 특징은 생명수 강과 생명나무인데, 이 모두 에덴동산에 있었다.

이는 에덴동산이 낙원이었다는 것을 뜻한다.

* 고후12:1-4: "무익하나마 내가 부득불 자랑하노니 주의 환상과 계시를 말하리라. 내가 그리스도 안에 있는 한 사람을 아노니 그는 십사 년 전에 셋째 하늘에 이끌려 간지라 그가 몸 안에 있었는지 몸 밖에 있었는지 나는 모르거니와 하나님은 아시느니라. 내가 이런 사람을 아노니 그가 몸 안에 있었는지 몸 밖에 있었는지 나는 모르거니와 하나님은 아시느니라. 그가 낙원으로 이끌려 가서 말로 표현할 수 없는 말을 들었으니 사람이 가히 이르지 못할 말이로다"

### ① 사도바울은 낙원에 이끌려 갔다

성경에는 하늘과 하늘들의 하늘이란 의미를 아는 하나님의 종들이 있다. 하늘과 하늘들의 하늘은 셋째 하늘이다.

사도바울은 셋째 하늘에 다녀왔다고 하면서 낙원으로 이끌려 갔다고 전한다. 무슨 말이냐면, 하나님 계신 셋째 하늘에 올라가보니 그곳은 낙원이었다는 것이다.

준비되고 있는 새 예루살렘 성이 새 땅에 내려올 때 생명수 강과 생명나무가 함께 내려올 것이다. 이 말은 새 예루살렘은 곧 낙원이란 뜻이다.

영원한 하나님 나라는 낙원이란 이름으로 불릴 것을 말씀한다. 사도바울은 새 하늘과 새 땅에 내려올 새 예루살렘 성 낙원을 보고 온 것이다.

그러므로 우리가 말하는 천국, 하나님과 영체가 영원히 함께 살 나라의 이름은 낙원이다.

## ② 새 예루살렘 성 낙원의 특징은 무엇인가?

* 22:1-5: "또 그가 수정같이 맑은 생명수의 강을 내게 보이니 하나님과 및 어린양의 보좌로부터 나와서, 길 가운데로 흐르더라 강 좌우에 생명나무가 있어 열두 가지 열매를 맺되 달마다 그 열매를 맺되 그 나무 잎사귀들은 만국을 치료하기 위하여 있더라, 다시 저주가 없으며 하나님과 그 어린 양의 보좌가 그 가운데에 있으리니 그의 종들이 그를 섬기며, 그의 얼굴을 볼 터이요 그의 이름도 그들의 이마에 있으리라, 다시 밤이 없겠고 등불과 햇빛이 쓸데없으니 이는 주 하나님이 그들에게 비치심이라 그들이 세세토록 왕노릇 하리로다"

* 낙원의 특징은 하나님과 어린양이 함께 계신 것이다.
* 낙원의 특징은 생명나무와 생명수 강이다.
* 낙원의 특징은 신부단장 한 것처럼 아름답고 거룩한 성이다.
* 낙원의 특징은 밤이 없는 것이다.
* 낙원의 특징은 죽음이 없고 하나님 모시고 영원히 왕 노릇하며 사는 것이다.

③ 새 하늘과 새 땅에 내려오는 낙원은 죽음이 없고 영원히 사는
  아버지 나라다

  새 땅에 내려오는 낙원은 선악을 알게 하는 나무가 없는 영원한 천국이다. 새 예루살렘 성이 새 하늘과 새 땅에 내려올 때 원래 낙원의 특징인 생명수가 흘러 강을 이루며 내려오고 생명나무도 돌아온다.

  그러므로 낙원의 상징인 생명나무와 생명수 강은 그대로 보존되어 있다.

  어디에, 아버지 나라에 보존되어 있었던 것이다.

  그럼 아버지 나라에 있던 생명수와 생명나무가 내려오면 아버지 나라에는 무엇이 있을까?

  결국, 이때가 되면 3층천과 새 땅은 한 나라가 되는 것이다.

  하나님과 어린 양의 보좌로부터 생명수가 흘러 새 예루살렘 성까지 흐르는 하나의 나라이고, 영원한 나라이다.

  그러므로 새 땅과 새 하늘 모두 하나님 나라 낙원이다.


## 3) 낙원은 언제나 사람을 위해 있었다

### ① 낙원은 처음부터 끝까지 사람을 위해 만들어졌다

  하나님이 천지창조를 하시고 에덴동산을 창설하시고 아담과 하와, 즉 사람을 낙원에 살게 하셨다.

  낙원은 처음부터 하나님의 사람을 위해 만들어졌으며, 마지막

에도 하나님의 자녀들을 위해 영원히 존재할 것이다.

하나님의 보좌와 어린 양의 보좌로부터 생명수가 흘러나와 길 가운데로 흘러 강을 이루고 구원받은 자들이 영원히 목마르지 않도록 마실 수 있는 생명수 강이 있고, 언제든지 따먹을 수 있는 생명나무가 있다.

이 모든 것은 낙원에 사는 하나님의 자녀들을 위해 만드신 선물이다.

### ② 예수님 공중 재림 전까지 낙원은 구원받고 죽은 성도들의 영이 쉬는 안식처였다

\* 창3:24: "이같이 하나님이 그 사람을 쫓아내시고 에덴동산 동쪽에 그룹들과 두루 도는 불 칼을 두어 생명나무의 길을 지키게 하시니라"

\* 눅23:42-43: "이르되 예수여 당신의 나라에 임하실 때에 나를 기억하소서 하니, 예수께서 이르시되 내가 진실로 네게 이르노니 오늘 네가 나와 함께 낙원에 있으리라 하시니라"

아담이 에덴동산에서 쫓겨난 이후 낙원은 사람이 찾을 수 없는 곳이 되었다. 사람이 죄를 지은 다음에 낙원은 하늘에 속해 영의 안식처로 사용되었다. 상급에 관계없이 생명록에 기록된 자 모두는 낙원에서 안식을 누리고 있다. 때문에 사람이 죽으면 영이 낙원에 가는 것도, 낙원이 영의 고향이기 때문일 것이다.

영은 낙원에서 평안을 누리다가 때가 되면 부활의 몸을 입고 새 예루살렘 성 낙원, 천국에서 영원히 사는 것이다.

낙원의 크기가 어마어마하게 커지는 것이다.

이 세상 종말 때까지 믿는 자의 하루하루의 행함에 따라 점점 더 거대해져 가는 낙원이다.

그러므로 새 예루살렘 성은 하나님 나라의 낙원이란 이름으로 새 하늘과 새 땅 위에 살포시 내려앉을 것이다.


### ③ 낙원에 있던 모든 영이 부활의 몸을 입고 천년왕국에 들어갔을 때 낙원은 비어 있었다

* 계20:4: "내가 또 보좌들을 보니 거기에 앉은 자들이 있어 심판하는 권세를 받았더라 또 내가 보니 예수를 증언함과 하나님의 말씀 때문에 목베임을 당한 자들의 영혼들과 또 짐승과 그의 우상에게 경배하지 아니하고 그들의 이마와 손에 그의 표를 받지 아니한 자들이 살아서 그리스도와 더불어 천년동안 왕노릇 하니"

낙원에 있던 영들이 천년왕국에 들어갔으니 당연히 영들이 있던 낙원은 천 년 동안 비어 있다.

더 정확히 계산하면 천 년 하고도 7년 동안 비어 있다.

이때 새 예루살렘 성은 새 하늘과 새 땅에 내려올 마지막 준비를 할 것이다.

### ④ 낙원은 완전한 천국으로 새롭게 단장된다

하나님이 계시는 하나님 나라와 영들이 있던 낙원과 새 예루살렘 성과 흑암의 하늘과 새 땅이 모두 합쳐져 낙원이 되는 것이다.

새 하늘과 새 땅이 창조되면 합쳐진 새 땅에 새 예루살렘 성이 내려온다.

새 예루살렘 성에서 하나님 아버지와 예수 그리스도를 모시고 부활한 영체들이 영원히 사는 나라가 바로 낙원이다.

상상을 초월하는 나라에서 하나님 모시고 부활한 영체들과 천사들이 함께 영원무궁토록 사는 나라가 새 예루살렘이란 이름의 낙원이다.

그러므로 하나님이 사람을 위해 만드신 에덴동산의 낙원은 사람이 죄를 지었다고 폐기 처분하신 것이 아니었다.

그 낙원은 구원받은 자들을 기다리고 있다가 새 하늘과 새 땅이 만들어지고 나면 이 땅으로 다시 생명수 강과 생명나무와 함께 내려올 것이다.

사도바울이 본 셋째 하늘의 낙원이다.

영원히 하나님께 새 노래를 부르고 영광을 올려드리며 상속받은 자녀로, 또는 상속 없는 백성으로 사는 것이다.

때문에 낙원과 지옥은 영원히 같이 간다.

바울의 경고의 말이다.

* 갈3:3: "너희가 이같이 어리석으냐 성령으로 시작하였다가 이제는 육

체로 마치겠느냐"

종말 신앙, 승리하는 그리스도인이 되자!

## 4) 하나님의 얼굴을 보며 사는 나라가 낙원이다

* 계21:3: "내가 들으니 보좌에서 큰 음성이 나서 이르되 보라 하나님의
장막이 사람들과 함께 있으매 하나님이 그들과 함께 계시리니 그들은
하나님의 백성이 되고 하나님은 친히 그들과 함께 계셔서"

* 계22:3-5: "다시 저주가 없으며 하나님과 그 어린 양의 보좌가 그 가
운데에 있으리니 그의 종들이 그를 섬기며. 그의 얼굴을 볼 터이요 그의
이름도 그들의 이마에 있으리라. 다시 밤이 없겠고 등불과 햇빛이 쓸데
없으니 이는 주 하나님이 그들에게 비치심이라 그들이 세세토록 왕노릇
하리로다"

### ① 두 번 다시 누구에게도 저주가 없고 영원히 사는 나라다

세세토록 죽지 않고 왕 노릇하는 영원한 나라가 다른 말로는
새 예루살렘 성 낙원이다. 영원히 하나님을 찬양하며 기쁨과 즐
거움만 있는 낙원에서 영원무궁토록 살 것이다.

### ② 계시록 말씀을 지켜 복 있는 자가 되자

* 계22:7: "보라 내가 속히 오리니 이 두루마리의 예언의 말씀을 지키는
자는 복이 있으리라 하더라"

두루마리 말씀, 즉 계시록 예언의 말씀을 덮어두지 말고 깨닫고 지키는 자가 되어야 한다. 그래야 오는 복이 자신의 복이 된다.

펼쳐서 읽고 묵상하고 앞으로 될 일들을 믿음으로 준비하는 자가 복된 자이다.

우리 모두 영원한 낙원에서 주님과 함께 영원히 사는 날을 기대합시다.

# F. 일곱 교회

어느 시대나 교회는 일곱 교회 중 한 교회의 형편과 비슷하다.

다시 말해 지금의 모든 교회와 교인들의 믿음과 행함은 이 일곱 교회 중 어느 하나에 해당한다. 때문에 그 당시 일곱 교회만을 말씀하심이 아니라 현재 각 교회와 성도들의 상태를 일곱 교회를 빌려 말씀하신 것이다.

그러므로 모든 교회와 성도들은 어떤 모습으로 믿음 생활을 하고 있는지, 혹 책망받을 일은 없는지 스스로 살펴야 한다.

금 촛대가 이루어져 가는 교회와 교인이 되려면 말씀 가운데 좀 더 단단하고 깊은 말씀을 받아먹고 불순물을 자꾸 제거해내듯이 깨끗해져야 한다. 애쓰고 힘써서 영이 자라야 영적인 교회가 되고, 영적인 교인이 된다.

❖ **발신자인 예수님의 편지를 받을 자는 각 교회의 사자들이다.**

일곱 교회의 사자에게 편지하라.

왜 일곱 교회 교인들에게 편지하지 않으시고 사자에게 편지하셨을까?

교회는 목회자의 신앙 노선에 따라 세워지기 때문이다. 무슨 말인가 하면 목자의 신앙 노선과 전하는 말씀의 영향을 성도는 받을 수밖에 없다.

따라서 그 교회 목자에게 편지한 것은 같은 믿음의 노선을 가진 교회 전체의 신앙이기 때문에 모든 성도에게 편지한 것과 같다.

편지에는 칭찬과 책망, 권면과 경고의 말씀이 있고, 이기는 자에게 주실 복을 약속하셨다.

## 1. 일곱 교회의 칭찬과 책망

### ① 에베소 교회

* 계2:1-7: "에베소 교회의 사자에게 편지하라 오른손에 있는 일곱별을 붙잡고 일곱 금 촛대 사이를 거니시는 이가 이르시되, 내가 네 행위와 수고와 네 인내를 알고 또 악한 자들을 용납하지 아니한 것과 자칭 사도라 하되 아닌 자들을 시험하여 그의 거짓된 것을 네가 드러낸 것과, 또 네가 참고 내 이름을 위하여 견디고 게으르지 아니한 것을 아노라, 그러나 너를 책망할 것이 있나니 너의 처음 사랑을 버렸느니라, 그러므로 어디서 떨어졌는지를 생각하고 회개하여 처음 행위를 가지라 만일 그리하지 아니하고 회개하지 아니하면 내가 네게 가서 네 촛대를 그 자리에서 옮기리라, 오직 네게 이것이 있으니 네가 니골라 당의 행위를 미워하는도다 나도 이것을 미워하노라, 귀있는 자는 성령이 교회들에게 하시는 말씀을 들을지어다 이기는 그에게는 내가 하나님의 낙원에 있는 생명나무의 열매를 주어 먹게 하리라"

❖ **칭찬: 행위에 대한 칭찬을 받았다.**

에베소 교회는 신본주의로 행위와 수고와 인내를 칭찬받았다.

영적으로도 영 분별할 수 있어서 악한 자들과 자칭 사도라 하는 자를 시험하여 교회에서 몰아내고 니골라당의 거짓된 것도 분별했다.

이는 쉽지 않은 일이다. 분별도 어려운데 잘라내는 결단력은 더더욱 어느 교회나 쉽지 않다.

또 목회자나 교인이나 주의 이름을 위하여 견디며, 게으르지 않고 예수 그리스도에 대한 소망과 믿음을 갖고 수고를 많이 했다.

선한 일을 많이 하고, 인내했다.

한마디로 에베소 교회는 믿음을 행함으로 보여 주는 교회였다. 살아 있는 교회인 것이다. 살아 있는 교회와 성도는 주께 영광이 된다.


❖ **책망: 처음 사랑을 버렸느니라.**

어디서 떨어졌는지 생각하고 회개하여 처음 행위를 가지라.

그렇지 않으면 네 촛대를 그 자리에서 옮기리라. 촛대를 옮긴다는 것은 영적 생명의 역사가 끝난다는 것이다.

처음 행위, 처음 예수 믿을 때 뜨겁던 사랑이 식으면 아무것도 아니다.

* 고전13:13: "그런즉 믿음 소망 사랑 이 세 가지는 항상 있을 것이데 그

중에 제일은 사랑이라"

사랑 없이도 주의 일도 할 수 있고, 이웃을 도울 수도 있고, 선한 일도 할 수 있다. 그러나 사랑 없이 하는 일에는 자신의 목적과 교만이 유혹한다.

사랑이 식어가는 것이 말세의 특징이다.

교회도 미지근하게 식어 사랑의 형식만 남아 있다. 그러므로 뜨거운 사랑이 식었다면 첫사랑을 되찾아 하나님 사랑 이웃 사랑을 실천해야 한다. 또 지금시대의 교회와 성도는 수고와 인내를 잘하지 못한다 아니 낙제점수를 받지 않을까 걱정이다 조그마한 것도 참지 못하고 폭발하며 수고하기 싫어한다 예수님이 손수 실천하여 보여주시고 가르쳐 주신 수고와 인내를 가볍게 생각하지 말아야 한다.

이것이 에베소 교회를 향한 메시지고 우리를 향한 메시지다.

❖ **말씀대로 행하면 낙원에 있는 생명나무의 열매를 먹게 하리라.**


② **서머나 교회**

* 계2:8-11: "서머나 교회의 사자에게 편지하라 처음이며 마지막이요 죽었다가 살아나신 이가 이르시되, 내가 네 환난과 궁핍을 알거니와 실상은 네가 부요한자니라 자칭 유대인이라 하는 자들의 비방도 알거니와 실상은 유대인이 아니요 사탄의 회당이라, 너는 장차 받을 고난을 두려워하지 말라 볼지어다 마귀가 장차 너희 가운데에서 몇 사람을 옥에 던

져 시험을 받게 하리니 너희가 십일 동안 환난을 받으리라 네가 죽도록 충성하라 그리하면 내가 생명의 관을 네게 주리라, 귀 있는 자는 성령이 교회들에게 하시는 말씀을 들을지어다 이기는 자는 둘째 사망의 해를 받지 아니하리라"

## ❖ 칭찬: 가난하지만 영적으로 부요한 교회

서머나 교회는 풍요로운 도시에 세워졌지만 환난을 당할 뿐 아니라 궁핍하기까지 했다. 그 이유는 부활 신앙을 갖고 있었기 때문에 믿음을 지키기 위해 풍요를 포기할 뿐 아니라 헌신짝처럼 버렸다. 그래서 가난했고 그래서 환난을 당했다.

예수 때문에 풍요로운 삶을 포기한다는 것은 그때나 지금이나 절대 쉽지 않다. 육적으로는 가난하지만 영적으로 부유한 교회, 부자 교회, 부자 교인이라 말씀하신다.

장차 받을 고난을 두려워하지 말고 하던 대로 충성하라. 더 바랄 것 없이 지금처럼 하던 대로만 하라 말씀하신다.

사람이 어떻게 책망 없는 믿음 생활을 할까 싶지만 서머나 교회와 교인들이 있다. 그렇다면 현대의 그리스도인도 책망 없는 믿음 생활할 수 있다는 말이다. 각성합시다.

이들에겐 세상 것과 비교할 수 없는 생명의 면류관이 기다리고 있다.

서머나 교회와 교인같이 됩시다.

가난하고 작은 교회는 인재가 없다 어렵게 일꾼 만들어 놓으면 기회만 되면 목회자나 성도나 큰 교회로 옮기는 것을 본다 있는 자리에서 축도록 충성하라 영적부자교회,영적부자성도가 되길 바란다 그럼 서머나교회 처럼 생명의 관을 받을 것이다

❖ **책망: 없음**(얼마나 믿음 생활을 잘하면 책망할 것이 없을까? 부럽다.)

### ③ 버가모 교회

* 계2:12-17: "버가모 교회의 사자에게 편지하라 좌우에 날선 검을 가지신 이가 이르시되, 네가 어디에 사는 지를 내가 아노니 거기는 사탄의 권좌가 있는데라 네가 내 이름을 굳게 잡아서 내 충성된 증인 안디바가 너희 가운데 곧 사탄이 사는 곳에서 죽임을 당할 때에도 나를 믿는 믿음을 저버리지 아니하였도다, 그러나 네게 두어 가지 책망할 것이 있나니 거기 네게 발람의 교훈을 지키는 자들이 있도다 발람이 발락을 가르쳐 이스라엘 자손 앞에 걸림돌을 놓아 우상의 제물을 먹게 하였고 또 행음하게 하였느니라, 이와 같이 네게도 니골라 당의 교훈을 지키는 자들이 있도다, 그러므로 회개하라 그리하지 아니하면 내가 네게 속히 가서 내 입의 검으로 그들과 싸우리라, 귀 있는 자는 성령이 교회들에게 하시는 말씀을 들을지어다 이기는 그에게는 내가 감추었던 만나를 주고 또 흰 돌을 줄 터인데 그 돌 위에 새 이름을 기록한 것이 있나니 받는 자 밖에는 그 이름을 알 사람이 없느니라"

❖ **칭찬: 믿음을 칭찬받았다.**

사탄의 권좌가 있는 곳, 안디바가 순교 당하는 모습을 보고도 성도들이 두려워서 도망가지 않고 믿음을 지켰다.

우상숭배를 많이 하는 곳에 살면 자신도 모르게 신앙이 물들게 되지만 이 버가모 교회는 이런 환경 속에서도 굳건한 믿음을 칭찬받았다.

순교의 정신으로 살았다.

❖ **책망: 발람 교훈과 니골라 당의 행함을 따르는 자가 있다.**

발람과 니골라 당은 이름만 다를 뿐 하는 짓은 같다.

적당히 세상과 타협해서 세상적인 이익을 얻는 것, 돈만 잘 벌면 그것이 복이라는 물질주의다.

또한, 성경 말씀을 현시대에 맞지 않는다고 버리고 시대적으로 재해석하는 타협주의다.

교회 부흥만 된다면 그것이 무엇이든 용납하는 것이다. 모른 척 눈감고 용납해서 누룩과 같이 교회가 부패됐다.

회개하지 않으면 내 입의 검이 그들과 싸우리라(입에서 나오는 말씀의 검으로 그들을 베어 버린다는 뜻).

혹시 습관에 의해서나 아무 뜻 없이 우상을 따라 하는 일, 또는 성경대로의 믿음이 아니라 세상과 타협해서 간편하게 믿는 것이 현대적인 믿음이라 생각하고 하나님이 금하신 것을 하지는 않는지 생각해 보자. 회개하고 하나님께로 돌아서자.

❖ 이기는 자는 만나를 주고, 흰 돌을 주고 그 흰 돌 위에 영원한 이름, 새 이름이 기록될 것이다.

### ④ 두아디라 교회

* 계2:18-29: "두아디라 교회의 사자에게 편지하라 그 눈이 불꽃같고 그 발이 빛난 주석과 같은 하나님의 아들이 이르시되, 내가 네 사업과 사랑과 믿음과 섬김과 인내를 아노니 네 나중 행위가 처음 것보다 많도다, 그러나 네게 책망할 일이 있노라 자칭 선지자라 하는 여자 이세벨을 네가 용납함이니 그가 내 종들을 가르쳐 꾀어 행음하게 하고 우상의 제물을 먹게 하는 도다, 또 내가 그에게 회개할 기회를 주었으되 자기의 음행을 회개하고자 하지 아니하는 도다, 볼지어다 내가 그를 침상에 던질 터이요 또 그와 더불어 간음하는 자들도 만일 그의 행위를 회개하지 아니하면 큰 환난 가운데에 던지고, 또 내가 사망으로 그의 자녀를 죽이리니 모든 교회가 나는 사람의 뜻과 마음을 살피는 자인 줄 알지라 내가 너희 각 사람의 행위대로 갚아 주리라, 두아디라에 남아있어 이 교훈을 받지 아니하고 소위 사탄의 깊은 것을 알지 못하는 너희에게 말하노니 다른 짐으로 너희에게 지울 것은 없노라, 다만 너희에게 있는 것을 내가 올 때까지 굳게 잡으라, 이기는 자와 끝까지 내 일을 지키는 그에게 만국을 다스리는 권세를 주리니, 그가 철장을 가지고 그들을 다스려 질그릇 깨뜨리는 것과 같이 하리라 나도 내 아버지께 받은 것이 그러하니라, 귀 있는 자는 성령이 교회들에게 하시는 말씀을 들을지어다"

❖ **칭찬: 사업, 사랑, 믿음, 섬김, 인내가 처음보다 많다.**

사업은 기독교 사업을 말하고 사업 중엔 봉사, 구제 사업을 잘했다는 의미일 것이다.

두아디라 교회는 나중 행위가 처음보다 많아서 칭찬받았다. 대단한 칭찬이다. 믿음 생활을 하면 할수록 또 오래 믿을수록 처음보다 나중 행위가 많기가 얼마나 어려운지 잘 아실 것이다.

끝까지 나태해지지 말고 이 교회와 교인을 닮아 믿을수록 예수의 진한 향기를 내는 행함이 많아지길 바란다.

❖ **책망: 자칭 선지자라 하는 이세벨을 받아들여 종들을 꾀어 음행하고 제물을 먹게 했다.**

초대교회에는 예언자들이 많았다. 교회는 이들을 하나님의 계시를 전하는 예언자, 즉 선지자로 세웠고, 이들은 많은 일을 했다.

그중에는 자칭 선지자도 있었다. 하나님은 인정하지 않으시지만 스스로 선지자, 스스로 예언자 행세를 하는 자를 말한다.

지금도 자칭 예언자들 때문에 교회는 골머리를 앓는다. 성경 말씀과 빗나가는 예언을 조심하라.

여자 이세벨은 하나님의 말씀이라 말하며 종들을 유혹하여 음란죄를 짓게 하고 우상의 제물을 먹게 했다.

세상과 타협하는 자들이 많게 되었고, 교회가 예배 중심이 아니라 사교의 장으로 변해 부패했고, 성적인 음란죄를 지었다.

두아디라 교회는 회개할 기회를 주었어도 회개하지 않았지만, 우리는 회개하자. 음란과 우상숭배는 하나님이 가장 싫어하시는 죄이고, 영원한 죽음에 이르는 죄이다.

끝까지 회개하지 않으면 큰 환란에 던져서 행한 대로 갚아 주리라는 돌덩이보다도 무거운 말씀에 귀를 기울이자.

알지 못했거나 알고도 유혹 때문에 떨쳐버리지 못했거나 옆 사람까지 죄짓게 했다면 빨리 회개하고 돌이키자.

7년 대환난까지 남아서 고생하지 말고 기회 있을 때 회개하고 이기는 자가 되자.

❖ **깨달아 회개하고 이기는 자는 만국을 다스리는 권세를 주리라.**

### ⑤ 사데 교회

* 계3:1-6: "사데 교회의 사자에게 편지하라 하나님의 일곱영과 일곱별을 가지신 이가 이르시되 내가 네 행위를 아노니 네가 살았다 하는 이름을 가졌으나 죽은 자로다, 너는 일깨어 그 남은 바 죽게 된 것을 굳건하게 하라 내 하나님 앞에 네 행위의 온전한 것을 찾지 못하였노니, 그러므로 네가 어떻게 받았으며 어떻게 들었는지 생각하고 지켜 회개하라 만일 일깨지 아니하면 내가 도둑같이 이르리니 어느 때에 네게 이를는지 네가 알지 못하리라, 그러나 사데에 그 옷을 더럽히지 아니한 몇 명이 네게 있어 흰옷을 입고 나와 함께 다니리니 그들은 합당한 자인 연고라, 이기는 자는 이와같이 흰옷을 입을 것이요 내가 그 이름을 생명책에서 결코 지

우지 아니하고 그 이름을 내 아버지 앞과 그의 천사들 앞에서 시인하리라, 귀 있는 자는 성령이 교회들에게 하시는 말씀을 들을지어다"

❖ **칭찬: 교인 중에 몇 명만이 칭찬받았다.**

살았다 하는 이름만 있는 교회라 해도 모두 다 죽은 것은 아니다. 그중에 살아 있는 자 몇 명이 있다 말씀하신다.

이들의 이름은 생명책에서 지우지 아니하리라. 어렵게 홀로서기를 한 자들이다. 주님은 죽은 것 같은 교회에서도 한 알의 밀알, 신실한 한 사람을 찾아내 구원하신다.

교회는 성도를 믿음으로 이끌어 주지 못했어도 믿음 위에 홀로 섰으니 당연히 칭찬받을 만하다.

이런 교회에서는 성도 스스로 말씀을 깨닫고 예수를 따라가야 하기 때문에 무척 힘들다. 확률적으로 구원받는 자는 심히 적은 것은 당연하다. 교회 선택은 초대교회 때나 지금이나 심사숙고해야 한다.

❖ **책망: 형식주의 교회다, 살았다 하는 이름만 있는 교회, 아니 죽은 교회다.**

보수주의적이고 형식주의적인 교회다. 보수가 잘못된 것이 아니라 보수주의가 잘못된 것이고 형식이 잘못된 것이 아니라 형식주의가 잘못된 것이다. 네 행위에서 온전함을 찾지 못했다 핵심을 찌르신다.

회칠한 무덤처럼 겉으로는 거룩하게 보여서 이 교회에 주님이 계실 것 같고, 성령님이 계실 것 같은데 아닌 교회가 있다는 말씀이다.

마지막 때는 교회 선택이 무엇보다 중요하다.

성도님이 영적으로 그 교회에 만족한다면 죽도록 충성하라. 세상에는 살았다 하는 이름만 가진 교회는 많지만, 영적 믿음을 이끌어 줄 교회는 그리 많지 않기 때문이다.

## ⑥ 빌리델비아 교회

* 계3:7-13: "빌라델비아 교회의 사자에게 편지하라 거룩하고 진실하사 다윗의 열쇠를 가지신 이 곧 열면 닫을 사람이 없고 닫으면 열 사람이 없는 그가 이르시되, 볼지어다 내가 네 앞에 열린 문을 두었으되 능히 닫을 사람이 없으리라 내가 네 행위를 아노니 네가 작은 능력을 가지고서도 내 말을 지키며 내 이름을 배반하지 아니 하였도다, 보라 사탄의 회당 곧 자칭 유대인이라 하나 그렇지 아니하고 거짓말하는 자들 중에서 몇을 네게 주어 그들로 와서 네 발 앞에 절하게 하고 내가 너를 사랑하는 줄을 알게 하리라, 네가 나의 인내의 말씀을 지켰은즉 내가 또한 너를 지켜 시험의 때를 면하게 하리니 이는 장차 온 세상에 임하여 땅에 거하는 자들을 시험할 때라, 내가 속히 오리니 네가 가진 것을 굳게 잡아 아무도 네 면류관을 빼앗지 못하게 하라, 이기는 자는 내 하나님 성전에 기둥이 되게 하리니 그가 결코 다시 나가지 아니하리라 내가 하나

님의 이름과 하나님의 성 곧 하늘에서 내 하나님께로부터 내려오는 새 예루살렘의 이름과 나의 새 이름을 그이 위에 기록하리라, 귀 있는 자는 성령이 교회들에게 하시는 말씀을 들을지어다"

❖ **칭찬: 작은 능력을 가지고도 말씀을 지키고 예수를 배반하지 않았다. 시험의 때를 면하게 하리라.**

성전의 기둥이 되게 하고, 새 예루살렘에 이름이 기록되리라.

기둥이 되고 이름이 기록되는 영광은 짐작조차 할 수 없는 큰 영광이다. 빌리델비아 교회는 서머나 교회와 함께 칭찬과 격려만 받았다.

환난 중에도 끝까지 견딘 충성된 교회였다.

많이 맡긴 자에게는 많이 찾으신다.

큰 능력을 주지 않았다고 불평하지 말고, 주신 것으로 충성하면 책망 없는 영광, 시험의 때에 들림 받는 영광을 주신다.

이들에겐 면류관을 받는 기쁨, 성전의 기둥이 되는 왕 같은 제사장의 삶이 기다리고 있다.

아무도 네 면류관을 빼앗지 못하게 하라. 믿음이 해이해지지 말고 끝까지 면류관을 지키자.

❖ **책망: 없음**

## ⑦ 라오디게아 교회

* 계3:14-22: "라오디게아 교회의 사자에게 편지하라 아멘이시오 충성되고 참되 증인이시오 하나님의 창조의 근본이신 이가 이르시되, 내가 네 행위를 아노니 네가 차지도 아니하고 뜨겁지도 아니 하도다 네가 차든지 뜨겁든지 하기를 원하노라, 네가 이같이 미지근하여 뜨겁지도 아니하고 차지도 아니하니 내 입에서 너를 토하여 버리리라, 네가 말하기를 나는 부자라 부요하여 부족한 것이 없다 하나 네 곤고한 것과 가련한 것과 가난한 것과 눈먼 것과 벌거벗은 것을 알지 못하는도다, 내가 너를 권하노니 내게서 불로 연단한 금을 사서 부요하게 하고 흰 옷을 사서 입어 벌거벗은 수치를 보이지 않게 하고 안약을 사서 눈에 발라 보게 하라, 무릇 내가 사랑하는 자를 책망하여 징계하노니 그러므로 네가 열심을 내라 회개하라, 볼지어다 내가 문 밖에서 서서 두드리노니 누구든지 내 음성을 듣고 문을 열면 내가 그에게로 들어가 그와 더불어 먹고 그는 나와 더불어 먹으리라, 이기는 그에게는 내가 내 보좌에 함께 앉게 하여 주기를 내가 이기고 아버지 보좌에 함께 앉은 것과 같이 하리라, 귀 있는 자는 성령이 교회들에게 하시는 말씀을 들을지어다"

❖ **칭찬: 없음**
❖ **책망: 차든지 더웁든지 하라 – 내 입에서 토하여 버리리라.**

　교회가 외적으로는 발전하고 점점 교인 수가 늘어나고 커 가는 교회였다.

그러나 부유해서 하나님을 사모하는 마음도 없고, 평안해서 부르짖는 일도 없고, 말씀을 두려워해서 지키려는 인내도 없으면서 물질 축복받았다고 착각하는 것을 말한다.

부자 교회, 부자 교인이라 부족한 것이 없다지만 영적으로 보면 가난하기 짝이 없다. 영적 갈망도 없고, 무기력하게 형식적인 예배만 드린다.

영적 가난, 영적 소경, 영적 수치를 모른다. 그러므로 변하지 않는 금을 사고 흰옷을 사고 안약을 서서 눈에 발라 보게 하라.

이 교회는 전부 사서 바르고 고쳐야 할 것뿐이다. 믿음만 있다면 자신의 것을 주고, 영적인 것을 사서 부족함이 없게 할 수 있다.

교회 건물이 크고 교인이 많다고, 또 돈이 많다고 영적으로도 부자는 아니라는 말씀이다.

사데 교회에는 그나마 옷을 더럽히지 않은 몇 명이 있었다.

그러나 라오디게아 교회는 몇 명이 아니라 한 명도 없다. 그래서 말씀하신다. 이기는 이에게는 주의 보좌에 함께 앉게 해 주겠다. 주의 보좌에 함께 앉는 것이 얼마나 큰 영광인지 앞에서 읽으셨을 것이다.

라오디게아 교회 같은 데서 이길 수 있는 자는 거의 없다.

그만큼 어렵기 때문에 주의 보좌에 함께 앉게 하시겠다는 파격적인 복을 제안해 주셨다.

일곱 교회의 특징을 살펴보면서 우리 교회와 나 자신에게는 어떤 말씀이 해당하는지 살펴서 잘하는 일은 끝까지 잘하도록 하고, 잘못한 일은 회개하고 속히 고쳐 나가서 주님께 칭찬받는 교회와 성도가 되길 바란다.

**❖ 이 책을 읽고 새롭게 믿음 생활하려는 분들에게 전한다.**

자신의 믿음을 점검하라. 내 믿음은 어디에 머물고 있는지 살펴보자.

주님은 교회를 세우시고, 교회 안에 주의 종을 두시고, 주의 백성을 맡기신다. 일곱 교회의 장단점이 우리의 장단점이다. 이 말은 일곱 교회처럼 지금의 교회와 성도의 믿음도 천차만별이란 뜻이다.

어떤 교회든, 어떤 교인이든 이 일곱 교회 내용 속에 다 포함될 것이다.

따라서 자신을 살피고 사람에게가 아닌 주께 칭찬받을 일은 찾아서라도 계속하면서 영광을 위해 달려가자.

일곱 교회의 장단점에 비추어보면 지금의 믿음에서 한 차원 높은 믿음 성장이 있을 줄 믿는다. 꼭 그렇게 되길 바란다.

# 맺음말

---

들었는가, 보았는가, 계시록 말씀을

# 맺음말

'들었는가, 보았는가, 계시록 말씀을.'


이 책 내용은 강력한 주님의 은혜가 아니면 전할 수 없고, 들을 수 없는 말씀이라 생각합니다.

책 내용 중에 이해되지 않는 부분이나 예전에 들어서 알고 있는 말씀과 다르다고 생각되는 부분이 많을 겁니다.

그렇다면 이단이라 치부하기 전에 깊이 기도하면서 다시 읽어 보고 성경 말씀을 찾아서 비교해 보시고 확신을 갖기를 바랍니다.

저 또한 같았기 때문에 그 마음을 잘 압니다.

이 책을 읽고 영의 눈이 열리길 바랍니다.

성령께서 인도해 주실 줄 믿습니다.

천지창조는 파장을 우려해 펴내지 않고 때를 기다리고 있습니다.

하지만 계시록 22장까지는 알려 주신 말씀대로 끝을 맺습니다.

이 책을 읽는 모든 분께 전하고 싶은 말은 말씀을 아는 것으로 끝내지 말고 행함으로 우리 모두 새 예루살렘 성 낙원에서 영광스러운 모습으로 만나기를 기도하고 소원한다는 것입니다.

"아멘 주 예수여, 어서 오시옵소서."로 말씀을 맺습니다.